TRES MONOS, DIEZ MINUTOS

Guía de la sociedad actual para urbanitas curiosos

José Manuel Alarcón Aguín

Editado por Krasis Press.

Cubierta: diseño y *copy* por Pablo Iglesias (Twitter: @piglesias)

ISBN: 978-84-941112-7-3
Depósito Legal: VG 99-2016

Impreso en España – Printed in Spain

Dedicado a mis padres, Marité y Pepe, que desde que nací me inculcaron las ganas de aprender y me proporcionaron todas las oportunidades posibles para hacerlo.

ÍNDICE DE CAPÍTULOS

Índice De Capítulos 5

PRÓLOGO: La Contradicción Del Conocimiento 9

CAPÍTULO 1: Tres Monos, Diez Minutos 17

CAPÍTULO 2: ¿Eres Uno Entre Un Millón?: Conocimientos Vs Experiencia Vs Talento 21

CAPÍTULO 3: Caminar Sobre Ascuas 27

CAPÍTULO 4: La Fruta Más Alta Siempre Sabe Mejor 33

CAPÍTULO 5: Porque Me Lo Merezco 37

CAPÍTULO 6: Capacidad De Auto-Crítica 41

CAPÍTULO 7: Comportarse Como Un Grillo 45

CAPÍTULO 8: El Efecto Mateo Y Su Influencia 49

CAPÍTULO 9: Somos Unos Superficiales: Aprovéchalo 55

CAPÍTULO 1O: La Sociedad Del Sálvese Quien Pueda 61

CAPÍTULO 11: Todos Somos Clarividentes 65

CAPÍTULO 12: Tolkien, Platón Y La Sensación De Impunidad 71

CAPÍTULO 13: Cabeza De Ratón O Cola De León 77

CAPÍTULO 14: Los Procesos De Markov Nos Guiaron Hasta Aquí 81

CAPÍTULO 15: Como Pavos Votando A Favor De La Navidad 85

CAPÍTULO 16: El Fin Del Esclavismo Y Otras Fábulas Morales Para Niños 93

CAPÍTULO 17: It Takes A Generation 99

CAPÍTULO 18: Procesos Exponenciales 103

CAPÍTULO 19: El Futuro Del Trabajo: Innovación Exponencial Y Polarización 111

CAPÍTULO 20: Artesanos Del Conocimiento 119

CAPÍTULO 21: Teorías 127

CAPÍTULO 22: Las Vacunas De Tus Hijos No Son Una Decisión Personal 131

CAPÍTULO 23: La Paradoja De La Destreza 137

CAPÍTULO 24: Estar En La Inopia 145

CAPÍTULO 25: La Pluma Es Más Fuerte Que La Espada 151

CAPÍTULO 26: Fluidos tixotrópicos 157

PRÓLOGO

LA CONTRADICCIÓN DEL CONOCIMIENTO

"Juzga a un hombre por sus preguntas, no por sus respuestas" - Voltaire

Cuando era muy joven me fascinaban algunas personas que parecían tener las cosas muy claras. Por regla general -aunque no siempre- eran bastante mayores que yo, personajes llenos de sabiduría y experiencia vital. Siempre con una opinión nítida e inmediata para cualquier cuestión, y ningún tema mundano les era ajeno.

Los envidiaba y todavía los envidio en cierta manera.

Tener las ideas tan claras de esa forma y bajo cualquier circunstancia es algo deseable: siempre sabes cómo actuar. Sin duda una persona así debe ser muy sabia, y ha de ir acumulando conocimientos a lo largo de su vida.

Siempre he pensado que, si me esforzaba lo suficiente, si no dejaba de aprender, cada vez me acercaría más a ese nivel inalcanzable.

Sin embargo, para gran frustración personal, a medida que pasan los años y aprendo más cosas, me doy cuenta de que en lugar de acercarme a ese ideal estoy cada vez más lejos. Es decir, en lugar de poseer más certezas, albergo más dudas que antes.

¿Cómo es posible esta contradicción? Si cada vez poseo más conocimiento, ¿cómo es que tengo la sensación de que cada vez me queda más para alcanzar la sabiduría?

La curva de la ignorancia

Existen tres variables relacionadas con el conocimiento que van cambiando a lo largo del tiempo, y que son las que condicionan nuestra actitud frente a la sabiduría[1]:

- Lo que creo que sé
- Lo que de verdad sé
- Lo que creo -o me doy cuenta de- que me falta por saber

Cuando uno está aprendiendo en serio sobre cualquier materia, por regla general suele pasar por diversas etapas iniciales marcadas por los valores de esas variables.

El primero de estos estadios es el de pensar: "Dios mío ¡todo lo que me queda por aprender!". La tarea delante de uno parece ingente ya que en realidad todavía no sabemos nada. Y somos conscientes de ello. Es la fase de "Soy un ignorante".

[1] Las curvas que muestro más adelante son originales mías, pero la idea se basa en un boceto que publicó inicialmente en internet el investigador británico Simon Wardley - https://www.linkedin.com/in/simonwardley.

Una vez que pasamos la ladera más empinada de la curva de aprendizaje, la cosa empieza a ser más fácil. A estas alturas ganamos conocimiento rápidamente y nos sentimos llenos de confianza. Tras un tiempo, comparados con una persona común que no ha aprendido sobre lo mismo, somos unos sabios. Es la fase de "Soy un sabio".

Estas dos primeras etapas son comunes en cualquier tipo de aprendizaje serio, siendo más o menos marcadas en función de la personalidad y la capacidad de cada uno.

Dependiendo de nuestra actitud frente ese conocimiento nuevo que hemos adquirido, es a partir de ese segundo punto cuando se condiciona la forma en la que actuamos ante los demás y cómo nos sentimos privadamente, lo cual tiene mucho que ver con lo que hablaba antes.

Para algunas personas no existen más etapas y se quedan varados en la fase de "Soy un sabio". Sus curvas de aprendizaje tendrían un aspecto similar a este:

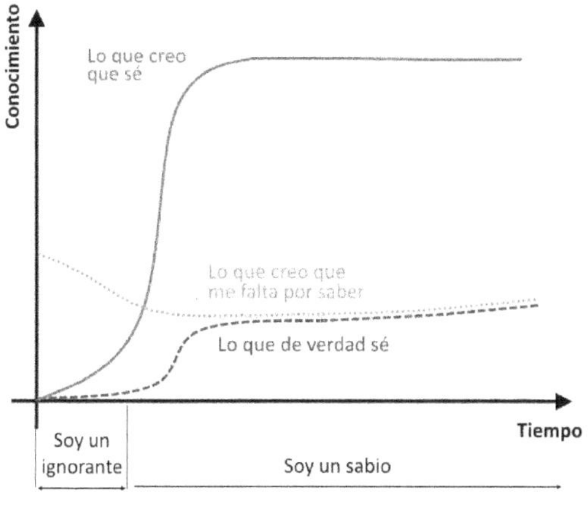

Es decir, existe una gran diferencia entre lo que creo que sé y lo que sé de verdad, y no soy consciente de todo lo que me falta por saber.

Sin embargo, para otras personas existe una etapa adicional en el proceso de llegar a la sabiduría que es donde se produce la paradoja de la que hablo en el título:

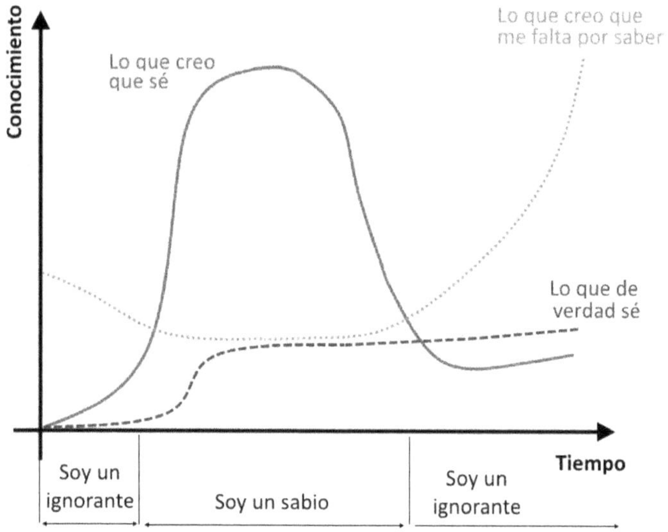

Es decir, se parte de las mismas dos fases pero las diferencias se dan en el otro sentido: a medida que sabemos más, nos damos cuenta de la complejidad de las cosas, vemos todo lo que realmente nos queda por aprender, e incluso llega un punto en el que creemos saber menos de lo que en realidad sabemos, lo cual nos hace sentir como unos ignorantes de nuevo. No tanto como cuando empezábamos, pero en gran medida.

Estas etapas no solo se dan cuando aprendemos sobre una disciplina concreta, sino que ocurren sobre todo en nuestro aprendizaje vital, que es mucho más importante.

Es por esto que la gente joven, habitualmente, cree saber mucho de todo. Están todavía en la segunda fase, en la que lo poco que han aprendido y la poca experiencia vital que han acumulado parecen ser lo máximo.

Sin embargo las personas que logran madurar y en verdad hacerse más sabias, tienden a seguir la segunda gráfica. A medida que aprenden sobre lo compleja que es la vida, la historia, la sociedad, la economía, la tecnología, la naturaleza, la mente humana... se dan cuenta de que en realidad todos estamos un poco perdidos siempre, de que no pueden existir muchas verdades absolutas y de que por mucho que aprendas, por muy sabio que te creas, siempre hay mucho más que aprender.

Cuanto más profundizas y aprendes de esta manera, más cuestiones, ideas y conceptos claros tienes. Pero al mismo tiempo más nuevos horizontes se abren y más dudas y cuestiones que ignoras te surgen.

Las personas más sabias suelen ser las que más dudan. Y las personas más ignorantes suelen ser las más categóricas en sus convicciones. Es la paradoja de la sabiduría. La contradicción del conocimiento.

Cuando tienes la revelación anterior te das cuenta de que mucha gente que emite opiniones categóricas, sin atisbo de dudas, en realidad están viviendo una disonancia cognitiva. Se rigen por la primera gráfica.

Por el contrario, otras personas, aunque también tienen opiniones claras sobre algunas cosas, muchas más veces dudan y le dan más vueltas a las cuestiones. Aunque parezca lo contrario, estas últimas a menudo poseen en realidad bases más sólidas para emitir una opinión. Se rigen por la segunda gráfica.

Por nuestra naturaleza nos sentimos atraídos hacia la certeza. Nos produce una gran sensación de seguridad. Un político, un profesor, un directivo que dudan no son dignos de nuestra confianza.

A mí sin embargo, desde hace mucho tiempo, me ocurre justo lo contrario: tiendo a desconfiar de aquellos que siempre tienen las ideas claras en todo, y me gusta seguir la línea de pensamiento de los que dudan[2]. Existe una gran probabilidad en estos últimos de descubrir a los verdaderos sabios.

La motivación detrás de este libro

Soy una persona curiosa y ecléctica a la que le gusta aprender sobre todo tipo de cuestiones más allá de mi ámbito profesional. Creo que este rasgo del carácter lo heredé de mi padre.

Aunque soy ingeniero de formación, hace muchos años que me interesan las cuestiones relacionadas con la sociología, la psicología, el funcionamiento "oculto" del mundo y, en general, todo aquello relacionado con la naturaleza humana.

---

[2] Evidentemente, en este contexto, con "dudar" me estoy refiriendo a no tener una opinión diáfana sobre un asunto porque se conoce lo suficientemente bien como para saber las complejidades que conlleva, y que hay demasiados tonos de gris como para no poder concluir algo en términos de blanco o negro.

Desde el año 2010, y cuando el tiempo y mis obligaciones me lo permiten, he venido recogiendo en mi blog personal muchas de las cuestiones interesantes que he ido aprendiendo en mi vana búsqueda de la sabiduría. Mi objetivo principal al escribir cada artículo casi siempre ha sido el de forzarme a ordenar las ideas a medida que iba aprendiendo, y plasmarlas en un espacio reducido para poder concretarlas.

Como efecto secundario de mi proyecto personal, resulta que ha habido muchas personas a las que les ha gustado lo que escribo. Ahora, más de un lustro después, me he decidido a hacer una pequeña selección de algunas de las cosas más interesantes que he escrito sobre estos temas, y a ponerlas de manera más sencilla al alcance de más gente. El resultado es este libro.

Se trata de 26 capítulos cortos pero (creo que) interesantes. Aunque discuto cuestiones bastante dispares, he procurado ordenar los capítulos para dotarlos de un mínimo agrupamiento temático en la medida de lo posible. He corregido un poco algún párrafo, he actualizado alguna referencia, pero se trata en esencia de los textos originales que escribí en su momento.

En (casi) ninguno de ellos pretendo expresar una opinión rotunda o definitiva aunque pueda parecerlo. Las conclusiones que expongo en muchos de estos capítulos son aquellas a las que llegué tras estudio, análisis y reflexión personal, y son las que me parecieron más correctas en cada momento. Dado que me considero de los que se mueven en las curvas de la segunda gráfica, estoy seguro de que muchas de estas opiniones son incorrectas, para mejorarlas me faltan todavía conocimientos de más calado que no soy capaz de ver, o en el futuro acabaré pensando casi de manera opuesta. Sin embargo el hilo de pensamiento o las historias sobre las que se sustenta cada una de ellos son, como mínimo interesantes, verosímiles y (más o menos) verificables, y por eso las he elegido. Si quieres dejarme un comentario, una opinión o alguna crítica constructiva puedes hacerlo a través de la sección de contacto de mi blog en jmalarcon.es.

Estoy agradecido de corazón a los miles de internautas que han leído el blog durante estos años, y por supuesto también a ti que estás leyendo este libro.

Espero sinceramente que te entretenga, que te haga pensar y, si tengo mucha suerte, que logres aprender algo nuevo en tu propio camino personal hacia ese objetivo inalcanzable que es la Sabiduría.

José Manuel Alarcón Aguín
Vigo, enero de 2016.

CAPÍTULO 1

TRES MONOS, DIEZ MINUTOS

Una de mis tiras cómicas favoritas siempre ha sido Dilbert[3], de Scott Adams. La llevo siguiendo desde los '90 y tengo guardadas muchas de ellas para revisarlas de vez en cuando, porque dentro de su humor ácido encierran grandes verdades.

Quizá la que siempre me ha hecho reír más es esa en la que Dilbert escribe un poema y le pide su opinión a Dogbert (personaje que actúa como una especie de conciencia del primero), que está acabando de leerlo:

- *Dilbert*: "Bueno, ¿Qué opinas de mi poema?"
- *Dogbert*: En cierta ocasión leí que, dándoles un tiempo infinito, un millar de monos con máquinas de escribir podrían llegar a escribir los trabajos completos de Shakespeare.
- *Dilbert*: Bien pero, ¿qué opinas de mi poema?
- *Dogbert*: Tres monos, diez minutos

Es sencillamente genial.

---

[3] http://www.dilbert.com/

El chiste me da pie para hablar de un sesgo psicológico muy interesante y con gran impacto en nuestras vidas y en la sociedad: el efecto Dunning-Kruger[4].

Se trata (y cito) de "*una desviación cognitiva en la que gente poco apta llega a conclusiones erróneas o toma decisiones incorrectas pero su incompetencia les niega la capacidad metacognitiva de reconocer sus errores*". En palabras más llanas, este efecto psicológico se traduce en la práctica en personas que poseen escaso entendimiento, juicio o conocimiento pero que tienden por sistema a pensar que son mucho mejores y más inteligentes que otras personas que están, según cualquier criterio, mejor preparadas.

La descripción del efecto no se detiene ahí sino que describe como, paradójicamente, las personas competentes suelen sentirse acomplejadas en cierto modo, ya que piensan que los demás tienen un nivel de competencia que no es real, e incluso superior al suyo. El motivo lo resumen Dunning y Kruger muy bien en esta frase:

> *"La mala calibración de la competencia en el caso de los primeros proviene de una percepción errónea de sí mismos, mientras que en el caso de los altamente competentes proviene de una apreciación errónea de los demás"*

---

[4] "Unskilled and unaware of it: How difficulties in recognizing one's own incompetence lead to inflated self-assessments" http://j.mp/DunningK

El estudio de estos profesores de psicología de la Universidad de Cornell data del año 1.999 y orbita en torno a una idea ya expresada con anterioridad por Charles Darwin o Bertrand Russell sobre la confianza del ignorante y la duda del sabio.

Entre las conclusiones del artículo se destaca que la gente incompetente se caracteriza por:

- Tendencia a sobrestimar su propio nivel de capacidades.
- Incapacidad de reconocer la competencia de otros.
- Incapacidad de reconocer siquiera sus limitaciones más extremas.
- Poco sentido del humor

El principal motivo de que los ignorantes suelan estar tan ciegamente seguros de sí mismos es, según los investigadores, que las habilidades que se necesitan para ser competente suelen ser las mismas que son necesarias para poder reconocer la competencia. Es demoledor.

Todos conocemos a muchas de estas personas. Pero, además, este estudio encierra una verdadera ironía: dado que los incompetentes tienden a sobrestimar sus capacidades y menospreciar las de los demás: ¿cómo podemos reconocer en nosotros mismos nuestra competencia o incompetencia?. De hecho, muy jocosamente los autores terminan su propio artículo escribiendo lo siguiente:

> *"Aunque creemos que hemos hecho un trabajo competente realizando este análisis, estudiándolo*

> *empíricamente, y extrayendo las consecuencias pertinentes, nuestra tesis nos deja con una inquietante preocupación que no podemos vencer. Dicha preocupación es que este artículo puede contener lógica defectuosa, errores metodológicos, o adolecer de una pobre comunicación. Permítanos asegurar a nuestros lectores que, en la medida en la que este artículo sea imperfecto, no es un pecado que hayamos cometido a sabiendas."*

La verdad es que destaparon la caja de los truenos.

Estudios posteriores ahondaron en la cuestión y de manera amplia se reconoce como un efecto válido en la sociedad occidental, con especial incidencia en EEUU. Sin embargo estudios locales similares llegan a la conclusión de que en los países asiáticos este efecto no existe apenas, debido sin duda a los propios fundamentos de la cultura oriental.

En el chiste de Dilbert ¿quién crees tú que está sufriendo el efecto Dunning-Kruger: Dilbert , Dogbert o ambos? Y lo que es más importante, ¿en tu entorno habitual quién lo experimenta: tú mismo, alguna gente de la que te rodea en el trabajo o la vida, ninguno, todos?

Si me lo preguntas a mí, yo no tengo duda. ¿O sí? La verdad es que no lo puedo saber ;-)

CAPÍTULO 2

¿ERES UNO ENTRE UN MILLÓN?: CONOCIMIENTOS VS EXPERIENCIA VS TALENTO

Basta con echar un vistazo a unas cuantas ofertas de trabajo para darse cuenta de que, casi siempre, lo que más se valora es la experiencia seguida de la titulación, esto es, los conocimientos "de base" del candidato.

Al mismo tiempo, y según la OECD, casi la mitad de los titulados universitarios españoles ocupan puestos que están por debajo de su nivel formativo. De hecho España ocupa los primeros puestos de la OCDE en esta infame estadística, siendo el lugar en donde mayor discrepancia existe entre el nivel de estudios y el puesto de trabajo desempeñado.

Algo no cuadra.

Algunos ya vaticinan hace tiempo que los conocimientos se están convirtiendo en un mero producto. Y yo pienso que no les falta razón. La información está, cada vez más, al alcance de cualquiera con voluntad de aprender, por lo que no es ya algo diferencial. Hace falta algo más...

... ¿Experiencia?

Está claro que la experiencia es muy importante, ya que lo que provoca es que cometamos errores y aprendamos de ellos. Se aprende más de los fallos que de los aciertos, y unos años cometiendo errores son una buena escuela. Pero precisamente por eso no todas las experiencias son iguales. Hay quien te dice que tiene 10 años de experiencia pero en realidad la tiene sólo de un año repetida 10 veces. Y esto no cuenta. Ya no. Lo que de verdad hace falta es aportar...

...Talento

Estoy convencido de que todos tenemos al menos un talento natural para algo. Pero por desgracia nuestro sistema educativo no nos orienta hacia que cada uno lo aproveche. Sobre este asunto tengo que recomendar vivamente el visionado de la motivadora (y ya clásica) ponencia de Sir Ken Robinson en el TED de Febrero de 2010: Bring on the Learning Revolution![5] (con subtítulos en varios idiomas).

Es una desgracia estar dedicado a algo para lo que no tienes talento y de lo que no disfrutas.

Esto, por supuesto, no es nada nuevo. Cicerón, en el siglo I antes de Cristo ya decía:

> *"La habilidad natural sin educación ha llevado al hombre a la gloria y la virtud más veces que la educación sin habilidad natural"*

Y de esto hace más de 2.000 años, pero parece que la mayoría no lo tenemos claro todavía.

---

[5] http://j.mp/1RVb5kr

Pero... ¿Qué es el talento?

El talento es difícil de identificar en los otros. Es algo innato que cada uno sabe identificar en sí mismo cuando hace algo de introspección honesta.

Para tratar de encontrar una forma general de explicarlo voy a poner un ejemplo... Supongamos que no sabes resolver jeroglíficos y que te voy a enseñar a resolver el siguiente (típico de los periódicos dominicales):

Modistos

La respuesta es muy fácil: "Sastres". La regla para resolverlo sería:

> *"Fíjate en si se repite algo en la figura y trata de combinar lo que se repite con el número de veces que lo hace."*

Te acabo de proporcionar un conocimiento, sobre cómo resolver este tipo concreto de jeroglífico. Ahora, con este conocimiento te pongo este nuevo acertijo:

Ganar Liga y Copa

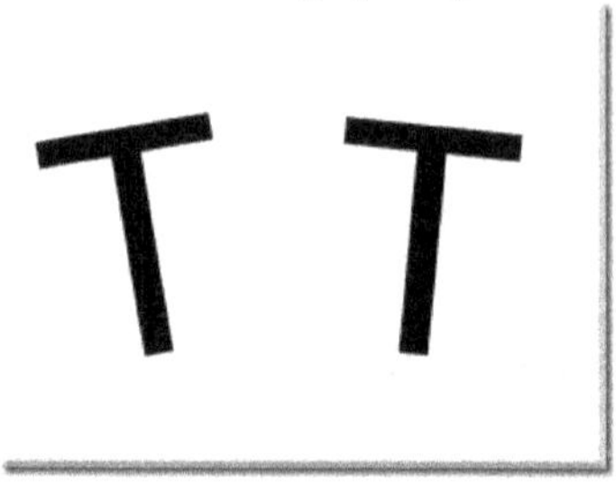

La respuesta en este caso es un poco diferente pero entra dentro de los conocimientos que proporciona la regla anterior para resolverlo: "Doblete" (doble-T). Lo que te acabo de proporcionar es experiencia.

Si ahora resuelves 8 más similares a estos, en mi opinión, no tendrás 10 jeroglíficos de experiencia, sino la misma experiencia 10 veces. ¿Ves por dónde voy?

Para demostrarlo, voy a plantear un tercer jeroglífico:

¿Cómo se te ocurren esas ideas?

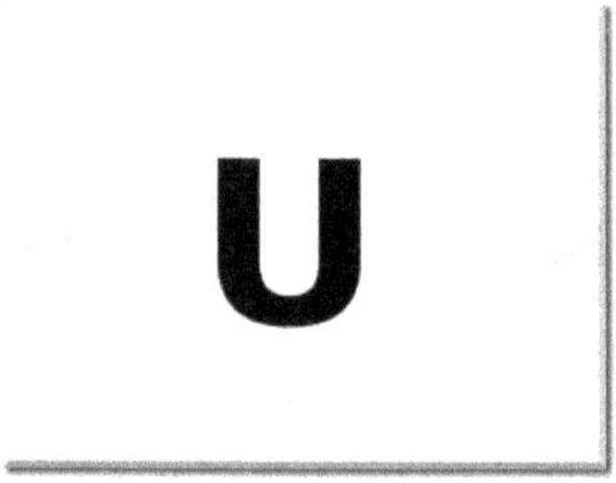

Bien. Este es sólo un poco diferente a los demás. Tiene una 'U' por lo que si seguimos nuestros conocimientos anteriores y la "experiencia" de haber resuelto otros 10 similares, podríamos dar vueltas y vueltas a una 'U' y el número 1, pero no llegaríamos a nada para resolverlo basado sólo en conocimiento y experiencia. Aquí se necesita pensar un poco fuera de lo habitual y darle un pequeño giro para llegar a la solución, que es, irónicamente: "uso la mente" (U solamente).

Para resolver este último jeroglífico lo que necesitamos es un cierto talento para resolver jeroglíficos.

Lo que demuestra de manera muy sui-generis este ejemplo es que una cualidad personal -un talento- nos puede llevar a donde el conocimiento y la experiencia no nos llevarían jamás.

Entonces ¿qué?

Yo, por ejemplo, tengo conocimientos de manejo de programas de diseño gráfico, pero soy un negado total para la composición y no tengo buen gusto con los colores. Es decir, no tengo talento para el diseño. Eso no me lo puede enseñar nadie. Si voy a una buena clase, practico lo suficiente y me fijo en los que lo hacen bien podría -probablemente- llegar a ser un diseñador efectivo. Pero para ser un verdadero fuera de serie en esto necesito las tres cosas.

A lo que deberíamos aspirar es a desarrollar nuestro(s) talento(s) natural(es), pero eso sí, acompañado de conocimientos (que no dejan de ser experiencia acumulada por otros) y experiencia propia.

Pero ¡cuidado! Esta frase -que leí una vez, me encantó y no me resisto a utilizarla siempre que puedo- creo que resulta muy reveladora:

> *"¿Eres uno entre un millón?... Pues en China hay 1.300 como tú."*

El talento por sí solo no es suficiente. Sin embargo en el actual mundo globalizado, del conocimiento como "commodity" y la especialización brutal (experiencias recortadas), será lo que de verdad marque la diferencia entre las personas y, por ende, entre las empresas y entre los países.

Las educación tradicional unida a las convenciones sociales ("debes estudiar una carrera, debes buscar un buen trabajo...") nos fuerzan desde niños a actuar de maneras que quizá no encajen con nuestro verdadero potencial, con nuestro talento. Y el efecto a largo plazo es una generación desencantada, empresas poco competitivas y un país que ve su potencial mermado.

CAPÍTULO 3

CAMINAR SOBRE ASCUAS

El rito de caminar sobre carbón incandescente es utilizado desde hace más de 3.000 años por culturas de todo el globo como una ceremonia de iniciación, demostración de valor o prueba de fe. En el mundo moderno se emplea también como parte de terapias de auto-ayuda, en ejercicios para mejorar la confianza en uno mismo, romper barreras mentales y ganar seguridad.

Se calienta carbón en una hoguera. Cuando el carbón está al rojo vivo -generalmente entre 600 y 900 grados centígrados de temperatura- se crea un lecho ardiente formando una capa muy compacta. La persona camina rápidamente sobre él para recorrer el pasillo que se ha formado y llegar al otro extremo. Hay mucha gente mirando pero muy pocos que caminen. Y éstos, los héroes, son animados y jaleados por su valentía.

Parece una hazaña al alcance de pocos. Hay personas que alardean de su poder mental para lograrlo, e incluso se ganan la vida con estos "poderes milagrosos". Aunque no nos creamos la explicación sobrenatural, sin duda podremos pensar que se trata de gente muy preparada y que entrena para ello, o bien individuos con una capacidad extraordinaria para soportar el dolor. ¿No?

No.

Cualquiera puede caminar sobre ascuas

Lo cierto es que, como todo, tiene una explicación racional y científica.

Cuando dos cuerpos de diferente temperatura entran en contacto se transmite calor entre ellos (uno se calienta: tus pies, y el otro se enfría: el carbón). La transferencia de calor depende de las temperaturas de ambos cuerpos, así como de las propiedades físicas de los mismos: conductividad térmica, calor específico y densidad (ya que la difusividad térmica depende de estos tres parámetros).

La difusividad térmica del carbón es muy baja: $0{,}139 \times 10^{-6}$ m^2/s (frente a los $94{,}53 \times 10^{-6}$ m^2/s del aluminio, por ejemplo). Es decir, es casi 700 veces peor transmisor del calor que el aluminio. Esto significa que el calor se transmite de manera muy lenta entre el carbón incandescente y los pies del que camina sobre él, que también tienen una baja difusividad. Por ello si pasamos rápido por encima se calcula que es posible recorrer hasta 4 metros y medio sobre las ascuas sin quemarnos. Y normalmente son mucho más cortas que eso.

Es el mismo razonamiento por el que se explica que cuando sacamos un bizcocho del horno a 250º podemos tocar sin problemas la tarta con los dedos, pero si agarramos el molde metálico con las manos nos produciremos quemaduras de segundo grado. Son diferencias de difusividad térmica.

Todo esto lo explicó muy bien el científico David Willey en el capítulo "Self-help" del programa "Bullshit!" de la cadena estadounidense Showtime en marzo de 2003[6]. No te pierdas el vídeo de la nota al pie, es sensacional.

Todos conocemos a caminantes sobre fuego

A la mayoría de la gente le gusta creer en los súper-hombres. Esas personas de las que se habla con admiración porque son triunfadores que consiguen un enorme éxito sin realizar, en apariencia, casi esfuerzo alguno. Personas que gracias a sus grandes aptitudes e inspiración triunfan en el arte, los deportes o los negocios, y amasan fama y fortuna. Empresas que crecen mucho en poco tiempo, reciben premios y reconocimientos y son el espejo en el que mirarse.

Pero en realidad todo tiene truco.

Cuando alguien me habla de casos -propios o ajenos- de éxito fuera de lo común y sin esfuerzo, nunca me los creo. Desde mi punto de vista sólo existen dos explicaciones para estos "milagros":

1. Están caminando sobre ascuas, es decir, hay una información que se nos oculta y en la que reside el secreto de ese éxito. Conociéndola y teniendo las mismas circunstancias, cualquiera podría hacer lo mismo.
2. El "truco" es trabajo duro y talento bien enfocado durante mucho tiempo, lo que pasa es que eso no lo vemos.

---

[6] http://j.mp/1mXTBoR - Penn & Teller Debunk Firewalking - YouTube

Los que caminan sobre fuego son los que aprovechan el nepotismo imbuido hasta la médula en nuestra sociedad, o abusan del sistema, o engañan, o defraudan, o tienen algún tipo de truco que se nos oculta. Por desgracia existen muchos casos de estos.

Por otro lado está el actor que vive mucho tiempo en tugurios, limpia mesas y hace papeles insignificantes hasta que consigue un éxito "repentino" y todo parece muy fácil. El empresario que durante años trabaja 14 horas diarias (incluyendo fines de semana), perdiendo dinero, dejando de lado a la familia y los amigos, y luego consigue hacer fortuna "de la noche a la mañana". El pintor que recorre las galerías incansablemente sin que nadie le haga caso, soporta la cruel indiferencia del elitista mundo artístico, hasta que de repente un día resulta que es "un genio" y lo adoran. El deportista que sacrifica su infancia entrenando y acaba ganando Wimbledon...

Como ellos hay un número mucho mayor que se queda por el camino, pero sólo se habla de los pocos que lo consiguen.

Hace poco oí decir a un conocido directivo la frase "Sólo Dios y yo sabemos lo que he tenido que trabajar para tener la suerte que tengo". Y es verdad. No niego que la suerte pueda influir, ya que a veces hay que estar en el lugar adecuado en el momento apropiado, pero la mayor parte de las veces lo que hay detrás de estos casos de éxito fuera de lo común es muchísimo trabajo, un enorme foco y mucha lucha.

Desmitifiquemos a los que hacen cosas increíbles como si no les costase esfuerzo porque, salvando honrosas excepciones, sólo hay dos posibilidades: o es más fácil de lo que parece y nos engañan, o detrás hay mucho más esfuerzo, entrega y talento de lo que llegamos a percibir.

Pensar otra cosa es una zanahoria que se nos pone delante para que avancemos.

CAPÍTULO 4

LA FRUTA MÁS ALTA SIEMPRE SABE MEJOR

La disonancia cognitiva es una teoría psicológica que habla sobre el malestar que nos produce el hecho de tener que sostener dos ideas opuestas al mismo tiempo. Debido a ello, cuando nos encontramos en una situación como esas, generalmente buscamos algún motivo para reducir la discrepancia y por lo tanto para disminuir ese malestar.

Es esta disonancia la que nos lleva muchas veces a sostener, en contra de la evidencia, opiniones equivocadas sobre ciertos actos que cometemos. En definitiva nos lleva a justificar muchas veces nuestro comportamiento con auto-engaño. Pero no se trata simplemente de que nos mintamos a nosotros mismos de manera consciente, sino que al final lo interiorizamos y acabamos creyéndonoslo de verdad. He ahí la grandeza de la mente humana. Y es que la única manera de disminuir ese malestar de verdad es creyéndonos nuestras propias justificaciones.

Por ejemplo, cuando nos compramos el último *gadget* del mercado que no necesitamos para nada y por el que hemos pagado un dineral, lo justificamos porque nos va a ayudar con el trabajo. Aunque no sea realmente así nos lo acabamos creyendo.

Hay muchos efectos que se contemplan bajo la teoría de la disonancia cognitiva, como el de "Esfuerzo-Justificación" que es el que lleva a grupos cerrados de personas a estar más unidos entre sí después de ciertos rituales de iniciación generalmente agresivos o violentos y en cualquier caso duros. Se da por ejemplo en bandas callejeras, tribus africanas o cuerpos militares.

El trabajo es aburrido y la paga es mala

Tal vez el efecto más conocido y común de la disonancia cognitiva sea el "Paradigma de conformidad inducida".

Se han llevado a cabo cientos de experimentos psicológicos para demostrar la existencia de este paradigma, pero el primero y más famoso se realizó en el año 1959 por parte de Festinger y Carlsmith de la Universidad de Stanford[7].

En resumen, un grupo de estudiantes fueron obligados a realizar una tarea tediosa y pesada -girar una clavija a intervalos de 90 grados- durante una hora. La idea era imbuir en ellos una actitud muy negativa hacia la tarea.

Al terminar el trabajo odioso se les pidió que hicieran un favor a los investigadores: que hablaran con otra persona y trataran de convencerla de que el trabajo que habían hecho era atractivo y estimulante. A la mitad de los sujetos se le pagó una cantidad respetable y a los otros algo irrisorio por hacer este "favor". Finalmente se les pidió a todos que valoraran según diversos criterios la tarea aburrida que habían realizado.

---

[7] http://psychclassics.yorku.ca/Festinger/

Según las teorías conductistas los participantes que recibieron más dinero deberían ser los que más la valoraran, puesto que asociarían el pago con la tarea. Sin embargo las teorías de la disonancia cognitiva parecían correctas, y realmente los que mejor valoraron la tarea fueron aquellos que recibieron el pago simbólico por hablar con el "gancho".

El motivo, según la teoría, es que los que recibieron una cantidad respetable tenían una justificación externa obvia para su comportamiento, mientras que los otros se vieron forzados a interiorizar la actitud positiva que estaban expresando al colaborador, ya que en realidad no tenían ninguna otra justificación.

Existen, como digo, muchos otros experimentos similares, incluso con niños pequeños que demuestran que este comportamiento es innato en los seres humanos y nuestra mente siempre trata de eliminar la diferencia entre las dos situaciones disonantes.

Motivación

Del conocimiento de este comportamiento humano se pueden extraer muchas conclusiones, pero para mí la más importante es la que da título a este capítulo: la fruta más sabrosa siempre está en las ramas más altas.

Es decir, por regla general, cuanto más nos cuesta conseguir una cosa más satisfacción nos produce. Dentro de un orden, claro está.

Cuando se nos da todo hecho o todo viene rodado en nuestra vida no somos capaces de valorar las cosas del mismo modo.

No estoy comulgando aquí con la tradición judeo-cristiana de que esto es un valle de lágrimas y hemos venido al mundo a sufrir. No pienso eso. Pero sí que estoy convencido de que lograr que las cosas funcionen a base de esfuerzo personal ayuda a llevar una vida más plena. Digo, en definitiva, que el dinero por sí mismo no da la felicidad.

Y esto es algo que parece que se ha olvidado en las últimas dos generaciones, durante los años de bonanza. Los valores que se han difundido en la sociedad han sido los de la ley del mínimo esfuerzo e incluso se acuñaron términos como "la cultura del pelotazo". Y eso puede estar bien para algunos, pero por la propia naturaleza humana a la mayoría nos resultaría insoportable a largo plazo, aunque pensándolo en caliente nos pueda parecer lo contrario.

Todos deberíamos alcanzar el éxito (para cada persona es una cosa diferente), pero si queremos que ello nos haga felices a largo plazo deberíamos conseguirlo a través de nuestro esfuerzo y no esperar que nos caiga del cielo.

Termino con una frase que me gusta mucho, atribuida a Donald Kendall, el ex-presidente de Pepsi Cola:

> *"El único sitio en el que el Éxito viene antes que el Trabajo es en el diccionario"*

CAPÍTULO 5

PORQUE ME LO MEREZCO

En cierta ocasión tras uno de los enfrentamientos entre Karpov[8] y Kasparov[9], durante una entrevista conjunta, el periodista les preguntó qué otras aficiones tenían además del ajedrez. El primero en contestar fue Karpov y dijo "Filatelia y marxismo". Kasparov simplemente dijo "Ninguna".

Los jugadores de ajedrez que quieren llegar a algo se centran al 100% en el deporte.

Cuando era un adolescente, empezando el instituto, tuve la suerte de conocer a dos chavales de mi edad que eran muy buenos con el tablero. Por aquella época los dos prácticamente se turnaban para ganar la mayoría de los campeonatos de su categoría a los que acudían. Ambos trabajaban duro para seguir avanzando en el juego. Uno de ellos, con el que aún mantengo contacto esporádico, en un momento determinado decidió dejarlo. Me dijo que si realmente quería dedicarse al ajedrez no podía hacer nada más que eso. Así que lo abandonó para ir a la Universidad y luego se centró en su carrera profesional fuera del ajedrez del mismo modo que antes se había centrado en el tablero. Hoy ocupa un puesto de gran responsabilidad en una

---

[8] http://j.mp/1Z2RfGu - Anatoli Kárpov - Wikipedia.
[9] http://j.mp/1OHuqwW - Gari Kaspárov - Wikipedia.

conocida multinacional. El otro siguió aprendiendo y practicando, consagrando su vida a ello. Llegó a ser maestro internacional[10] y en la actualidad creo que hace más de una década que se ha retirado de la competición, aunque sé que se sigue dedicando al ajedrez, viviendo de entrenar a niños y jóvenes.

Un Gran Maestro de ajedrez es alguien muy especial. Deben ser personas muy inteligentes, perseverantes y enfocar todo su esfuerzo en ello durante muchos años. Aun así, en el mundo hay en el momento de escribir esto, casi 3.500 maestros internacionales y más de 1.500 Grandes Maestros[11]. En España tenemos 112 y 44 respectivamente. Es decir, son uno entre un millón pero es una disciplina altamente competitiva en la que las probabilidades de llegar a algo son muy pequeñas.

Del mismo modo que he elegido el ajedrez, podría haber utilizado como ejemplo cualquier otro ámbito.

Detrás de cada historia de éxito sólo hay dos posibilidades: o hay alguien caminando sobre ascuas o existe una combinación ganadora de suerte, talento y verdadero esfuerzo bien enfocado. Y por el camino se quedan muchos más que los que llegan.

Cuando se indaga en la historia personal de los personajes más célebres, los que han pasado a la historia por sus grandes hechos, la única constante es que fueron individuos que dedicaron gran parte de su vida a enfocarse en sus logros. Picasso produjo

[10] http://j.mp/1R7Psey - Maestro Internacional - Wikipedia.
[11] http://j.mp/1OHv1yG - FIDE Country Top Chess players.

más de 13.000 pinturas y más de 20.000 dibujos ("que la inspiración me coja trabajando", decía). Bach compuso más de 1.000 obras. Einstein publicó casi 250 trabajos con descubrimientos científicos. Edison no inventó la bombilla (fue Joseph Swan[12]) pero al contrario que éste -que solo hizo una decena de intentos de crearla- realizó miles de pruebas hasta dar con la correcta, y en paralelo publicó a su nombre 1.093 patentes en EEUU...

Este tipo de dedicación y esfuerzo se dan por supuestos para algunas profesiones: los atletas de élite, los músicos de carrera, los científicos, los cirujanos y unos pocos otros. Sin embargo tengo la impresión de que un gran porcentaje de la población no piensa lo mismo respecto a su propio éxito profesional. El hecho de que no aspiremos al Olimpo de nuestra profesión no significa que no haya que esforzarse mucho igualmente. El lema de nuestra generación parece ser "Yo me lo merezco"[13]. Pero lo que se olvida muchas veces es que, por definición, para merecer algo antes tenemos que ganárnoslo, hacer méritos[14].

Yo pienso que cuando algo me sale mal profesionalmente es culpa mía y solamente mía. Evidentemente no todo está bajo nuestro control y como dicen los anglosajones, *shit happens*. Pero siempre es más fácil culpar al entorno, a la mala suerte, a los demás o al *boogie*[15], que culparse uno mismo.

---

[12] http://j.mp/1Z1J9bR - Joseph Wilson Swan – Wikipedia.

[13] Hasta la publicidad nos anima con esta frase a qué nos complazcamos comprando todo tipo de productos, "porque nos lo merecemos". Si quieres perderme como cliente, utiliza ese eslogan en tu publicidad ;-)

[14] http://j.mp/1JTIhiC - Es interesante echar un vistazo a las acepciones del diccionario de la RAE para esta palabra.

[15] http://j.mp/1mw0C0c - The Jacksons - Blame It on the Boogie at London Destiny Tour 1979 [HD] - YouTube

Es cierto que el entorno condiciona mucho, la suerte influye, los demás a veces nos ponen zancadillas y el *boogie* nos distrae... Pero en la mayor parte de los casos la realidad es que detrás de muchos fracasos suele haber malas decisiones, falta de preparación o enfoque, no saber gestionar ciertas situaciones, falta de talento (hay que saber elegir las batallas para las que estamos preparados) y sobre todo no haber trabajado todo lo duro que debiéramos.

Cuesta, pero que hay que asumirlo.

Centrarse, trabajar mucho y no parar de aprender son condiciones necesarias pero no suficientes para conseguir lo que nos propongamos. Está claro que hace falta también algo de entorno propicio, suerte y talento. Sin embargo no deja de sorprenderme la buena suerte que tiene la gente que conozco que trabaja duro, no cesa de aprender y está enfocada en sus objetivos...

CAPÍTULO 6

CAPACIDAD DE AUTO-CRÍTICA

El conocido psicólogo británico Richard Wiseman está especializado en la psicología de lo poco ordinario. Es un personaje peculiar que se dedica a perseguir mitos, desenmascarar creencias absurdas, y a estudiar cuestiones tan peregrinas como qué características debería tener el mejor chiste del mundo, o qué hay de verdad en los libros de auto-ayuda. En mi opinión muchos de los experimentos que menciona (y lleva a cabo) dejan mucho que desear desde un punto de vista estrictamente científico, pero lo cierto es que sus libros suelen ser entretenidos y aprendes algunos detalles cuando menos curiosos.

En su libro "Quirkology: How We Discover the Big Truths in Small Things"[16], comenta un dato que me llama poderosamente la atención. Hace referencia a una encuesta realizada en 1997 por la revista "U.S. News and World Report"[17]. Esta revista es de corte conservador, por lo que infiero que sus lectores tendrán en su mayoría también esta tendencia. En la encuesta se proponían una serie de personajes famosos de los años 90 y se pedía a los lectores (contestaron más de 1.000) que valoraran con un

---

[16] http://amzn.to/1RWSYZq

[17] El artículo se titulaba "Oprah: A Heavinly Body?: Survey Finds Talk Show Host a Celestial Shoo-In" y salió en la página 18 del número del 31 de Marzo de 1997. Lamentablemente no he sido capaz de encontrarlo on-line :-(

porcentaje la probabilidad con la que creían que cada uno de ciertos personajes iría al cielo. Estos fueron los resultados[18]:

Pesonaje	%
Madre Teresa de Calcuta	79%
Oprah Winfrey	66%
Michael Jordan	65%
Colin Powell	61%
Princess Diana (Lady Di)	60%
Al Gore	55%
Hillary Rodham Clinton	55%
Bill Clinton	52%
Pat Robertson	47%
Newt Gingrich	40%
Dennis Rodman	28%
O.J. Simpson	19%

Los resultados parecen bastante congruentes, al fin y al cabo la primera de la lista está beatificada y murió ese mismo año, Oprah era la reina de la TV-espectáculo-caritativo en Estados Unidos (y ya sabemos lo que influye eso), y los últimos eran "malos" oficiales de la época. Puede sorprender algo más lo de Bill Clinton en pleno escándalo Lewinski o que la Madre Teresa sólo tuviera un 79% de probabilidad de ir al cielo, pero bueno...

Lo verdaderamente sorprendente es un dato que no está en esa tabla. Hubo alguien que superó a todos estos personajes con una diferencia abismal. ¿Quién crees que ganó la encuesta con un increíble 87% de probabilidad de ir al cielo?... Efectivamente: ¡uno mismo!. La mayor parte de los encuestados se pusieron a sí mismos como número uno de la lista para ir al cielo. Casi todos creían merecer ir al cielo sin lugar a dudas.

[18] En el libro de Wiseman no vienen los datos exactos de la encuesta, pero sí que he encontrado los resultados en algunas páginas cristianas de EEUU para poder elaborar la tabla.

A mí me parece alucinante, no sé a ti. ¡Vivimos rodeados de santos y no lo sabemos!.

Como nos vemos a nosotros mismos

Tomemos con pinzas la encuesta anterior y dejemos de lado la validez empírica de la misma a la hora de generalizar el resultado. No obstante mi experiencia me indica intuitivamente que la mayor parte de la gente tiene muy poca capacidad de autocrítica. Sea en las relaciones personales, familiares o en el trabajo seguro que todos podemos encontrar muchos ejemplos.

Pienso que es inherente a la genética humana el encontrar siempre algún motivo sesgado, alguna razón poco evidente, un punto de vista muy particular -un clavo ardiendo, en definitiva-, que ayude a eludir la responsabilidad de haber obrado mal. Y digo "genética" porque seguramente está atada a la evolución y la selección natural. El fin justifica los medios, que decía Maquiavelo, y no nos engañemos: nosotros somos el resultado de la procreación de los más fuertes, de los que podían matar, robar y someter a sus congéneres para sobrevivir. En este panorama, a medida que crecía la conciencia social, la auto-indulgencia era una cuestión de supervivencia.

Pero lo que distingue al hombre del resto de los animales es precisamente la capacidad mental para abstraerse y para juzgar sus actos con cierta distancia moral. Y hay que poder mirarse al espejo cada mañana, por eso se buscan disculpas.

Hay acciones que son "malvadas" desde todo punto de vista y cualquier humano las sabe distinguir, aunque todos los días se practiquen. Dejando de lado a los psicópatas (que son incapaces de saber que hacen el mal porque cosifican a los demás debido a su problema psicológico), y no considerando tampoco las grandes maldades sobre las que todos estamos de acuerdo (cualquier persona normal tendría remordimientos por ellas), centrémonos en cuestiones más prosaicas, de todos los días y con un impacto a priori menor en la sociedad: mentir a la cara a otras personas para conseguir algo con perjuicio para éstas, comportamiento poco ético para trepar en el trabajo, escaqueo del trabajo cuando no está el jefe, pequeños hurtos, pisar los derechos de otros, abusar del sistema, la famosa "picaresca" española... Hay miles de ejemplos.

Ante los demás está claro, pero... ¿cómo nos disculpamos ante nosotros mismos por esto? ¿O no lo hacemos? ¿Nos convencemos de que siempre actuamos bien o ni siquiera nos lo planteamos? ¿Vemos acaso siquiera la oportunidad de hacer las cosas de otro modo?

Uno no puede dejar de preguntarse si todo el mal que nos rodea tiene que ver con la nula capacidad de auto-crítica de la mayor parte de las personas. Enfermedades mentales aparte, yo creo que sí.

No creo en el cielo o el infierno, pero si creyera me gustaría pensar que al menos aprobaría por los pelos para entrar en él, aunque probablemente soy como casi todo el mundo y por tanto incapaz de ver la viga en mi propio ojo…

¿Y tú? ¿Cómo ves esas "pequeñas cosas"? ¿Irías al cielo en caso de haberlo?

CAPÍTULO 7

COMPORTARSE COMO UN GRILLO

Aunque casi nadie piensa nunca en ellos, lo cierto es que los grillos son unos insectos fascinantes. Existen más de 900 especies grillando[19] por las noches en casi todos los rincones del mundo. Solamente los machos son capaces de cantar. Como tienen unas fuertes patas traseras y un cuerpo parecido, se confunden con los saltamontes con frecuencia, pero no son lo mismo. Suelen vivir entre 2 y 8 meses.

Siendo insectos, son animales de sangre fría y por lo tanto se ven muy influidos por la temperatura. Por ello, escuchándolos cantar es posible determinar la temperatura que hace en el exterior. Fue el físico Amos Dolbear[20] quien descubrió que si cuentas el número de "cri-cri" que emite un grillo durante 8 segundos y le sumas 5 obtienes la temperatura ambiente en grados Celsius. Este cálculo es bastante preciso si la temperatura se encuentra entre los 5 y los 30 grados.

Y estas son sólo algunas curiosidades. ¿Son o no fascinantes los grillos?

---

[19] http://dle.rae.es/?id=JXeuR24

[20] http://j.mp/AmosDolbear - Amos Dolbear - Wikipedia

Peleas de grillos

Los grillos son insectos territoriales muy agresivos contra otros ejemplares de su misma especie, y con mucha frecuencia se enzarzan en peleas. En algunos países como China hay competiciones en las que los insectos combaten y se apuestan fuertes sumas de dinero.

Lo interesante de las peleas de grillos es que muchas están decididas incluso antes de celebrarse. Ahora me explico...

Durante los años sesenta el etólogo de la Universidad de Michigan, Richard D. Alexander[21], especializado en grillos, saltamontes y cigarras, analizó su comportamiento en la lucha publicando sus resultados en el artículo "Aggressiveness, Territoriality and Sexual Behavior in Field Crickets"[22] en la extinta revista Behavior.

Para demostrar su comportamiento en la lucha, en uno de los experimentos el Dr. Alexander construyó un grillo falso con el que peleó contra grillos reales, ganándoles en todas las peleas. Posteriormente los grillos a los que derrotaba solían perder en todas las luchas contra otros congéneres. Más bien, en realidad, se retiraban sin posibilidades de ganar.

Los grillos tienen una memoria general de lo que les ha ocurrido en sus anteriores combates y actúan en consecuencia. Así, los que han ganado unas cuantas luchas seguidas se vuelven más agresivos, comportándose de manera más dócil en caso contrario. Si juntamos en el mismo hábitat a un grupo cerrado de este

---

[21] http://j.mp/1QkX36B - Richard D. Alexander - Wikipedia

[22] http://j.mp/ATSBFC - Aggressiveness, Territoriality, and Sexual Behavior In Field Crickets (Orthoptera: Gryllidae) on JSTOR

tipo de animales con memoria general, acaba por formarse una jerarquía de dominancia, con rangos de poder entre los individuos, hasta que las peleas prácticamente cesan. Lo interesante de este comportamiento es que no se decide en relación al poder que ostentan los demás (no se distinguen los unos de los otros), sino que ¡se basa enteramente en la "opinión" que cada uno tiene de sí mismo!.

Los grillos que suelen perder las peleas (incluso los que empiezan perdiéndolas por azar) sistemáticamente se inhiben al luchar con otros, y pasa lo contrario con los que han comenzado con victorias. Los ejemplares dominantes no son los más fuertes necesariamente, sino los que han tenido la suerte de ganar más peleas inicialmente y por lo tanto tienen "actitud de ganador".

Es decir, los grillos simplemente "pierden la moral" y dejan de luchar: ¿para qué esforzarse si su experiencia les dice que no suelen ganar?.

¿Te suena de algo ese comportamiento?

Muchos humanos se comportan de manera parecida a los grillos. Si encadenan un par de fracasos, aunque sean por cuestiones fuera de su control, se desmoralizan y ya no lo intentan. Y la actitud constituye un porcentaje muy alto de las posibilidades de éxito.

Desde luego no es suficiente sólo con actitud. También hace falta aptitud, esfuerzo y, como no, un poco de suerte. Pero sin la adecuada actitud y estado mental, conseguir cualquier reto es casi imposible.

Sea lo que sea que nos propongamos, debemos acordarnos de los grillos y tratar de no actuar como ellos. Si damos algo por imposible antes de empezar o si no ponemos todo nuestro empeño, el fracaso está casi asegurado. Y si lo intentamos y fracasamos, la actitud correcta debe ser aprender de ese fracaso, nunca hundirse y no volver a intentarlo. El fracaso es muy importante, y se aprende más de un fracaso que de muchos éxitos.

Apuesto a que ya no volverás a oír un grillo de la misma manera ;-)

CAPÍTULO 8

EL EFECTO MATEO Y SU INFLUENCIA

En cierta ocasión, en plena vorágine de compras navideñas, entré en una tienda perteneciente a una conocida cadena de librerías a cambiar un libro que me habían regalado y que ya tenía en mi colección. Tras seleccionar los nuevos libros (me llevé 3 finalmente) me dispuse a ir hacia la caja, y esperar un buen rato haciendo cola. Dispuestos a los lados de la hilera de clientes había varios soportes de libros llenos de ejemplares de las novelas más vendidas y conocidas. Me fijé en que cerca de esa zona -a su vez muy próxima a las puertas de entrada y salida- había otras mesas y estantes llenos de libros, todos ellos novedades y obras muy conocidas. Este hecho me dio bastante que pensar...

Me parecía curioso que tuvieran tan cerca de la entrada los *best-sellers*, y más todavía que los tuviesen en la cola de caja, donde supuestamente debería haber libros para compra por impulso. Lo que me parecía lógico era más bien que en estos sitios aventajados estuviesen libros interesantes pero menos conocidos, con precios reducidos y títulos atractivos. De este modo mientras esperabas podrías hojearlos y quizá te animases a comprarlos. Dado que los superventas son muy conocidos y la gente suele ir a tiro fijo a comprarlos, si los pones hacia el centro de la librería conseguirás que la gente que vaya a buscarlos, además, tenga opción de ver otros muchos que de otro modo no considerarían.

A pesar de haber fundado una editorial no sé nada sobre marketing en el punto de venta de las librerías, así que alguna buena razón tendría que haber para este comportamiento -en mi poca autorizada opinión- no demasiado lógica. Da la casualidad que conozco al gerente de la librería, y lo considero una persona muy inteligente y profundo conocedor del negocio. Así que unos días más tarde tuve oportunidad de coincidir con él en un momento más tranquilo y le pregunté sobre el asunto.

La conversación fue muy interesante para aprender cómo funciona una librería y de qué manera se gestan muchas veces los éxitos editoriales. Daría para escribir un texto largo, pero no me voy a extender demasiado. Sólo resumiré las principales conclusiones que saqué sobre este tema en particular:

- Al menos en este caso, el que los libros estuvieran allí no era consecuencia de que hubiesen pagado por ello las editoriales, cosa que yo sospechaba.
- En época de alta afluencia de personas a las librerías, dado que precisamente mucha gente va casi exclusivamente a comprar *best-sellers* para regalar, cuanto más fácil le pongas la tarea de encontrarlos menos tiempo están en la tienda, menos ocupan a los dependientes con preguntas, y por lo tanto más eficiente es la venta.
- Un gran porcentaje de la gente que va a las librerías en esta época no sabe qué va a comprar. Por lo tanto si les pones a la vista esos libros tan conocidos que les suenan, se deciden a comprar más pronto, lo que entronca con mi segunda conclusión.

Misterio resuelto. Parece bastante razonable.

Pero aquel rato de espera en la cola, reflexionando, me llevó a acordarme del conocido Efecto Mateo, y la gran influencia que tiene en el mundo.

El rico se hace más rico

El término "Efecto Mateo" lo acuñó el sociólogo Robert K. Merton[23] en un artículo de la revista Science[24] de Enero de 1968. Toma su nombre de la conocida "Parábola de los talentos"[25] del evangelista San Mateo, aunque por lo visto aparece hasta cinco veces en la Biblia por parte de tres evangelistas:

> *"Porque a todo el que tiene, se le dará y le sobrará; pero al que no tiene, aun lo que tiene se le quitará" - Evangelio según San Mateo, capítulo 25, versículos 14-30*

La enseñanza original de esta parábola era que es nuestra obligación aprovechar lo que nos da Dios (la naturaleza), nuestros talentos (aunque en la Biblia un talento es una moneda, no el sentido actual), para sacar de ellos el máximo partido. El no hacerlo es desaprovechar nuestras capacidades para hacer el bien, y refleja pereza y desprecio por el que nos ha dado esas capacidades.

Más allá de la hermenéutica, lo que quería indicar Merton cuando utilizó el término por primera vez es que una pequeña diferencia inicial en las capacidades de dos personas acabará

---

[23] http://j.mp/1NXJE3w - Robert King Merton en la Wikipedia
[24] http://j.mp/22DVIi9 - The Matthew Effect in Science
[25] http://j.mp/1IK5HMh - Catholic.net - Parábola de los talentos

por agravarse indefectiblemente con el tiempo. El motivo es que la persona con la ventaja inicial se va a encontrar con muchas otras ventajas y oportunidades más adelante, lo que solo aumentará la diferencia aún más. El mundo está montado así.

Esta teoría se ha utilizado (y demostrado) en sociología, ciencia y educación. Pero en realidad se da en todos los ámbitos. Si pensamos en mi historia de los libros está clarísimo que ahí el efecto Mateo se produce en todo su esplendor: los libros que más venden todavía obtienen más ayuda por el mero hecho de tener esa ventaja inicial, mientras que la mayoría que no se venden tanto tienen aún menos oportunidades de vender de lo habitual (incluso algunos se devuelven al distribuidor para hacer sitio a los *best-sellers* de la época navideña).

Y esto ocurre constantemente también en casi cualquier situación en la que podamos pensar: los directores de sistemas suelen compran el software más utilizado, no necesariamente el mejor; se contrata a las consultoras más conocidas para evitar que arrastren al que las seleccionó si el proyecto fracasa; los trabajadores con mejor imagen suelen progresar más en la empresa... Hay decenas de ejemplos que se nos pueden ocurrir.

Es más: en la actualidad estamos viviendo literalmente un efecto Mateo global, en el que la riqueza cada vez más está acumulada en las manos de una minoría, y los pobres son cada vez más pobres. Se está acentuando la polarización de la sociedad y las diferencias entre los que más tienen y los que menos tienen.

¿Es justo? Yo creo que no, pero es bastante predecible que ocurra dada la naturaleza humana.

La conclusión: procura sacar partido a todas las ventajas que estén a tu alcance (educación, experiencia, relaciones, buena imagen...) si quieres tener oportunidades. Hay una jungla ahí afuera y cualquier ventaja que obtengas se ampliará a tú favor con el tiempo. El efecto Mateo está más vigente que nunca en todos los ámbitos.

CAPÍTULO 9

SOMOS UNOS SUPERFICIALES: APROVÉCHALO

Sancho I de León[26], conocido como Sancho el Craso o Sancho el Graso, reinó en León en dos periodos diferentes y es recordado casi exclusivamente por su extrema obesidad.

Su primer reinado, del año 956 al 958, terminó cuando, rechazado por su enorme gordura, lo acabaron destronando los nobles castellanos. Bien es cierto que no solo era su aspecto lo que influía, sino que la obesidad mórbida le impedía, ya no guerrear, sino incluso caminar sin ayuda. Mala imagen para un gobernante.

Unos años más tarde recuperó el trono en gran parte gracias al empeño de su abuela, la reina Toda Aznar de Navarra, que se centró en hacerlo adelgazar para mejorar sus aptitudes físicas y su imagen. Lo llevó a Córdoba (donde todavía existe una calle con su nombre) para que le ayudaran los musulmanes, mucho más adelantados en todos los aspectos que los ignorantes cristianos de la época.

Los médicos cordobeses lo pusieron en forma y gracias al cambio de aspecto y al apoyo bélico de los musulmanes -conseguido

---

[26] http://j.mp/1PkxP5k - Sancho I de León - Wikipedia

a cambio de unas promesas hechas por Toda de Navarra pero que luego Sancho incumplió- logró recuperar el trono y volvió a reinar entre 960 y 966.

A pesar de que gobernó durante más tiempo en su etapa con buen aspecto (casi atlético al parecer), de que provocó un mayor avance de los musulmanes debido a sus promesas incumplidas, y de que murió envenenado pero estando en forma, pasó a la posteridad con el apodo que hace referencia a su gordura.

Los detalles de esta historia, muy interesante, se pueden leer en la página al respecto de la Fundación Saber.es de la Biblioteca Digital Leonesa[27].

Juzgar un libro por las tapas

Nuestro cerebro está diseñado para tomar decisiones rápidas y basadas en muy poca información, actuando además según esquemas generales y patrones pre-establecidos.

Es natural, por tanto, que partiendo de una situación sin referencias, lo único de que disponemos para valorar a otras personas es información muy superficial que recabamos en unos instantes. Así que ejercemos esos juicios inconscientes todo el tiempo: cuando nos presentan a alguien, durante una entrevista de trabajo, en una primera cita, al escuchar a un comercial que nos vende un producto… Tras unos segundos ya casi tenemos una decisión tomada que luego es muy difícil de cambiar.

---

[27] http://j.mp/1PPjO2s - La curación de Sancho, "El graso".

De ahí que sean tan nocivos los estereotipos culturales. La sociedad hace una clasificación automática de determinados tipos de gente, etnias, grupos sociales e incluso profesiones, y las personas que viven en dicha sociedad tienden a clasificarse unas a otras dentro de estos parámetros comunes.

Y aunque ese no sea tu caso -o no lo quieras reconocer- es evidente que una gran mayoría de las personas actúa de este modo. Y como se desprende del ejemplo de Sancho el Craso, siempre ha sido así, aunque en la rápida y visualmente híper-estimulada época actual sea algo todavía más acusado.

Es indudable que en muchas situaciones la imagen personal juega un papel tanto o más importante que las verdaderas habilidades o características de lo que estamos observando.

Más allá de lo generosa que haya sido la naturaleza con el aspecto físico del cual partimos, depende mucho de nosotros cuidar nuestra imagen. Y con ello no me estoy refiriendo solamente a la pura estética o a ser más o menos agraciado, sino a la imagen que uno proyecta y que depende de muchas otras cosas. La actitud personal tiene mucho que decir aquí también, tanto o más que el aspecto puramente estético. Una misma imagen personal y actitud puede ser adecuada para un ambiente pero no para otro, así que debemos elegir con cuidado.

Menos superficial de lo que parece

Ya en el siglo I antes de nuestra era decía Cicerón que "la cara es el espejo del alma y los ojos son sus intérpretes".

Está demostrado que los seres humanos, como individuos sociales que somos, tratamos de encajar en la sociedad en la que vivimos. Y por eso de forma inconsciente nos ceñimos a los mismos estereotipos que luego usamos para clasificar a los demás. Incluso la mayoría de personas que son muy individualistas acaban por parecerse entre ellas, formando irónicamente su propio estereotipo.

Por eso la anterior máxima de Cicerón es una profecía auto-cumplida: creamos estereotipos, la gente se auto-encaja en ellos y los usa también para clasificar a los otros. Así, cuando catalogamos a las personas de esta manera acertamos en más ocasiones de las que explicaría la estadística y nuestro juicio es menos superficial de lo que pudiera parecer a simple vista.

Aprovecharlo a nuestro favor

Lamentablemente muchas veces nos equivocamos y se equivocan con nosotros. Por ello es tan importante tratar de proyectar la imagen que se espera de nosotros, aunque manteniendo nuestra individualidad y lo que nos hace especiales. Es marketing pero aplicado a la persona.

Por ejemplo, si vas a hacer una entrevista de trabajo es muy difícil que te contraten si aparte de tener las aptitudes requeridas no proyectas la imagen que espera el entrevistador en su esquema mental.

Un ejemplo muy claro de todo esto, para el que tenga dudas de si realmente ocurre, es el conocido caso de Susan Boyle y su participación en el programa televisivo "Britain Got Talent" del año 2009[28]. Se trata en ese momento de una mujer de un pueblo

[28] http://j.mp/1VU7noj - Susan Boyle - Britains Got Talent 2009 Episode 1 - Saturday 11th April - YouTube

pequeño, de 47 años pero con aspecto de ser mayor, fea y con toda la pinta de "cateta". ¿Tiene todo esto algo que ver con su talento para cantar? En absoluto. Sin embargo cuando salió al escenario los "jueces" la trataron con gran condescendencia, y alguna gente del público sonreía maliciosamente al decir que pretendía ser una cantante profesional. Cuando por fin la escuchan, las bocas abiertas tienen más que ver con la rotura del estereotipo que con lo bien que canta Susan. No te pierdas el vídeo.

Aunque es muy superficial (y muchos lo calificaríamos de lamentable), es completamente lógico ateniéndose a nuestra naturaleza. La mayor parte de la gente no va a ver más allá, ni nosotros podemos pretenderlo. Así que debemos asumirlo aunque no nos guste y actuar en consecuencia.

Por ello si queremos conseguir ciertos objetivos está en nuestra mano aprovechar la superficialidad de la gente y tratar de modificar nuestra actitud, nuestras formas y nuestro aspecto para adaptarlo al ámbito personal y profesional que hemos elegido o nos ha tocado vivir.

CAPÍTULO 10

LA SOCIEDAD DEL SÁLVESE QUIEN PUEDA

Aunque soy gallego y tenemos fama de lo contrario, nunca he sido una persona desconfiada. Más bien lo opuesto: confiado en exceso. Soy de los que siempre ha pensado que todo el mundo es bueno mientras no se demuestre otra cosa. Esa actitud creo que es la más sana, porque ayuda a relacionarse, a colaborar, a tener ganas de llevar a cabo proyectos de todo tipo, a disfrutar de lo que hagas... Pero también conduce a grandes decepciones.

Lo que ocurre es que a medida que vas adquiriendo experiencia en la vida descubres que hay muchas personas que no son como uno piensa que deberían ser. Y dado que las experiencias negativas pesan mucho más que las positivas, uno acaba por moverse al otro extremo[29]: desconfiar, por defecto, de todo el mundo. Y lo cierto es que la mayor parte de nosotros acabamos por ser así a medida que cumplimos años.

El problema es que todo esto, a largo plazo y considerando la sociedad en su conjunto, nos lleva a una situación peor para todos. Existen diversos estudios económicos[30] que encuentran

---

[29] Seguramente conoces la frase irónica: "Lo que no te mata... te hace más hijo-puta" ;-)
[30] http://j.mp/1OHrXCI - Trust and economic development - voxEU.org, CEPR's Policy Portal.

una fuerte correlación entre la falta de confianza (y por tanto la corrupción) existentes en una sociedad, y la renta per cápita y el desarrollo económico de la misma.

Al fin y al cabo una transacción económica de cualquier índole siempre conlleva un componente intrínseco de confianza mutua.

Uno de los ejemplos más gráficos que conozco para mostrar el efecto devastador de la falta de confianza en economía lo describe Dan Ariely en su famoso libro "Predictably Irrational"[31] mediante un juego:

> *"Imagínate que os entrego 10€ a ti y a tres personas más. Por la cara, para que os los quedéis. Acto seguido os ofrezco a los cuatro la oportunidad de conseguir más dinero de una forma sencilla: podéis poner en un bote común cerrado la parte de esos 10€ que queráis. Yo no sabré cuánto ha puesto cada uno, pero al final duplicaré el total que haya en el bote y os lo repartiréis a partes iguales, sin importar cuánto haya puesto cada uno. Sin trampa ni cartón."*

La mejor estrategia a seguir parece evidente: poner todo el dinero en el bote. Si los cuatro ponéis los 10€ íntegros, todos habréis duplicado el dinero (habrá 40€ en el bote, yo pondré otros 40€ -o sea, un total de 80€- y tocan por tanto a 20€ cada

---

[31] http://amzn.to/1OvzgSg - Predictably Irrational, Revised and Expanded Edition: The Hidden Forces That Shape Our Decisions - Amazon.com. Si lo quieres leer en español existe una traducción titulada, curiosamente, "Las Trampas del Deseo: Cómo Controlar los Impulsos Irracionales que nos Llevan al Error" (http://j.mp/1JpTDjl - Casa del Libro). Si puedes léelo mejor en inglés.

uno). Es estupendo. Un negocio redondo y todos duplicamos nuestra cantidad.

Así que vas, pones tus 10€, esperas a que pongan los demás, y cuando toca repartir ves que te devuelvo solamente 15€, y no los 20€ que esperabas. ¿Qué demonios ha pasado aquí?

Enseguida te das cuenta: lo que ha ocurrido es que uno de tus compañeros ha pensado que todos seríais honrados, así que ha decidido actuar egoístamente y traicionar vuestra confianza, por lo que no ha puesto nada en el bote. Por lo tanto al final hay 30€, yo los duplico (60€) y al repartir entre los cuatro os daré 15€ a cada uno. Tú y tus compañeros os quedaréis con 15€ mientras que el "listo" tendrá en el bolsillo 25€, ¡casi el doble que los demás!.

¿Qué crees que ocurrirá si ahora os dejo repetir el experimento y volver a poner en el bote?

Pues que lo más seguro es que ninguno ponga nada. Se ha perdido la confianza y existe un riesgo muy probable de perder gran parte de tu dinero si lo vuelves a poner todo (si ingenuamente solo pusieras tú de nuevo los 10€, te quedarías con 5€ y harías 5€ más ricos a tus tres compañeros que no han puesto nada).

Es fácil ver la analogía entre este ejercicio mental y la realidad económica, referida específicamente a los impuestos y el dinero público, que al fin y al cabo lo ponemos entre todos.

Las leyes cortoplacistas que se promulgan, los sacrificios a los que se quiere obligar a la mayoría de la sociedad mientras las multinacionales y los bancos obtienen beneficios récord, las constantes noticias sobre corrupción, etc... nos hacen sentir como el ingenuo y bienintencionado jugador que pone los 10€ en el bote común la primera vez, pero nunca más lo vuelve a hacer al ver rota su confianza.

Mientras unos pocos rompan la baraja con la connivencia de los que gobiernan, solo podemos entrar en una espiral de desconfianza, la sociedad del sálvese quien pueda, que es lo que se está fomentado desde hace años. Eso no puede conducir a nada bueno.

Se trata de un problema cultural. Está imbuido en la sociedad y debe cambiar empezando por cada individuo. Y eso solo se consigue mediante educación, tiempo y empezando -desde hoy- uno mismo a tratar de pensar y actuar de forma diferente.

Aunque muchas veces nos acabemos llevando golpes por hacerlo...

CAPÍTULO 11

TODOS SOMOS CLARIVIDENTES

Se dice que una de las características del ser humano que lo distingue de los demás animales es su capacidad de anticipación, de prever lo que le depara el futuro. Esto no es del todo cierto según han demostrado algunos estudios[32] que prueban que, de manera excepcional, otras especies también poseen la capacidad de prepararse para el futuro inmediato. Aunque de manera bastante limitada, eso sí. Pero sí que se trata de una afirmación precisa si nos referimos a la capacidad consciente de prever el futuro a muy largo plazo y no solo en lo que nos afecta de forma directa, con un objetivo meramente utilitario. Mediante el uso de razonamiento abstracto de alto nivel tenemos la capacidad de realizar completos "viajes mentales" al futuro, previendo posibilidades verosímiles y anticipándonos a que ocurran.

Para realizar estas predicciones nos podemos basar en muchas herramientas, entre las que cabe destacar:

- Nuestra experiencia personal previa (memoria episódica).

---

[32] Por ejemplo: http://j.mp/1kVx4aH - Apes Save Tools for Future Use de Nicholas J. Mulcahy y Josep Call del Max Plank Institute for Evolutionary Anthropology.

- Nuestro conocimiento general del mundo basado en la experiencia y el conocimiento adquirido (memoria semántica).
- El conocimiento científico, que nos permite realizar cálculos y prever situaciones sin necesidad de una experiencia previa (por ejemplo, prever el cambio climático o predecir la existencia de ciertas partículas subatómicas como el bosón de Higgs sin haberlas experimentado en la práctica).

Esta sorprendente capacidad tiene sus aspectos positivos y negativos, dependiendo de cómo actuemos ante lo que prevemos que va a suceder.

Por ejemplo, en el caso de la memoria episódica, un efecto pernicioso que solemos experimentar es la angustia ante lo que podría pasar. Un animal se angustia ante una situación presente como el hambre por la falta de comida, pero jamás ante la perspectiva de algo malo, porque simplemente no son capaces de preverlo. Sin embargo un ser humano se angustia ante la mera posibilidad futura más o menos verosímil de que le pueda ocurrir algo terrible. En ocasiones esto conduce a situaciones de incapacidad y bloqueo por el miedo e incluso, en casos extremos, a cuadros de depresión. Y lo peor es que muchas veces se dan estas situaciones debido a "predicciones" erróneas o profecías auto-cumplidas, que son una de las formas más devastadoras de viaje mental al futuro. Salvo que nuestra predicción tenga una certeza absoluta de cumplirse, angustiarse, bloquearse y resignarse es lo último que debiésemos hacer. En el lado positivo, si no nos bloqueamos podemos actuar y cambiar lo que nos depara el futuro. Ese es el motivo por el que vamos al dentista o a hacernos una colonoscopia por poco que nos guste: para evitar males mayores más adelante. Es decir, sacrificamos la satisfacción inmediata por un beneficio mayor a largo plazo.

Por otro lado, utilizando nuestra memoria semántica y/o el conocimiento científico podemos predecir muchas cosas que podrían ocurrir en el futuro de manera general y global, anticipándonos a ellas. De hecho, si no fuese por esta capacidad el ser humano no sería lo que es. Gracias a ella desarrollamos herramientas que podían ser reutilizadas, se crearon los primeros asentamientos al lado de los ríos, se desarrolló la agricultura o se viajaron grandes distancias en busca de tierras menos agresivas para vivir. También se crearon los sistemas educativos (incluso los más rudimentarios) e incluso las religiones.

El hombre es el único ser capaz de anticiparse y cambiar su propio futuro, planificándolo y tomando las acciones apropiadas para modificarlo.

Esta capacidad de prever lo que puede ocurrir, sobre todo en el caso de hipotéticos futuros negativos, es precisamente una de las grandes armas con las que nos ha dotado la Naturaleza.

Y entonces llegaron los políticos

Antes de la democracia, los dictadores y reyes también preveían el futuro pero lo cambiaban para su propio beneficio, no el de la mayoría. La democracia participativa, en la que todos tenemos derecho a opinar y por lo tanto a influir -aunque sea infinitesimalmente- en el futuro colectivo, se supone que cambiaba esa situación.

El fallo práctico de toda esa teoría democrática se encuentra fundamentalmente en los plazos. O dicho de otro modo: en la forma de medir resultados. Los gobernantes saben que la mayor parte de la gente no piensa a largo plazo, sino en el futuro inmediato, y por lo tanto se hace política para el corto plazo - a 4 años vista para ser exactos- en lugar de la que sería más conveniente de cara al futuro lejano.

Esta forma de actuar se acentúa, más incluso, a medida que se acerca el final de los cuatro años de legislatura. Solo hay que ver, por ejemplo, las calles saturadas de obras que hay en todas las ciudades los meses previos a las elecciones, que disparan muchísimo la deuda de los ayuntamientos con el objetivo de ganar votos. O las bajadas de impuestos y las leyes populistas aprobadas a toda velocidad antes de las elecciones. Todo ello por el afán electoralista de los que en ese momento están en el poder. Si fuésemos listos, lo que haríamos sería castigar a los que hacen eso en lugar de premiarlos con nuestro voto.

Gobernar para el futuro

Un buen ejemplo de gobernar con la vista posada en el futuro lo tenemos en la tribu esquimal de los Inuit[33], en el ártico. Debido a los largos y agresivos inviernos, tenían que estar siempre preparados para los tiempos duros que sin duda vendrían, por lo que todo lo que hacían como grupo cohesionado era conducente a prepararse para ello, y se pensaba solamente en lo que era

[33] http://j.mp/1K56u5p - Inuit - Wikipedia

bueno para el grupo a largo plazo, incluso a costa de sacrificios inmediatos[34].

Otro gran ejemplo que personalmente me encanta es la regla de las 7 generaciones de las naciones indias Iroquois[35] del noreste de EEUU (conocidas como las Seis Naciones), en las que no se tomaba decisión alguna sin antes preguntarse "¿Qué efecto tendrá esto sobre 7 generaciones más adelante de la nuestra?". Lo tienen en su constitución[36], y a menudo se relaciona con las tendencias ecologistas y este anuncio clásico de los años '70, el del famoso indio llorando[37].

El problema de nuestra sociedad occidental moderna es que no existe planificación estratégica para casi nada de calado. Hemos renunciado a la principal ventaja competitiva que nos proporciona la Naturaleza, porque nos angustiamos: por la crisis, el terrorismo o incluso amenazas totalmente inexistentes inventadas por las élites que gobiernan el mundo. El motivo es casi lo de menos. Lo importante es que no estamos actuando como debemos y eso nos lleva a ser naciones que están siempre apagando fuegos en lugar de construir las bases adecuadas para las próximas generaciones. Y en la actualidad, con el conocimiento acumulado que tenemos, no pensar a largo plazo se trata de algo imperdonable.

---

[34] http://amzn.to/1OGGHGh - "Becoming Good Ancestors: How We Balance Nature, Community, and Technology", David Ehrenfeld - Amazon.com
[35] http://j.mp/1JBG1S0 - Iroquois - Wikipedia
[36] http://j.mp/1UFcF61 - Iroquois Constitution
[37] http://bit.ly/1MZpjXQ - The Crying Indian - Keep America Beautiful - YouTube

Deberíamos tener en mente todo esto la próxima vez que leamos el programa de un partido o vayamos a votar. Pensemos en nuestros hijos, nuestros nietos o mejor aún en nuestros bisnietos, y meditemos sobre si lo que plantean los políticos va a ser mejor para estas futuras generaciones o no, aunque a nosotros nos cueste un poco de sacrificio ahora. Lo contario es un sálvese quien pueda (como hemos visto en un capítulo anterior).

Por eso, por ejemplo, me gustaba la idea original de Europa, no el patético grupo de egoístas en el que se ha convertido. O las causas ecologistas no exacerbadas, la movilidad geográfica de las personas, la promoción de la ciencia básica (bien diseñada, no como la Universidad española actual), la unión y no la separación, el laicismo respetuoso, y tantas otras políticas con un efecto beneficioso a largo plazo. Lo otro son tiritas para heridas recientes: necesarias pero no tan importantes.

Con la población mundial creciendo a pasos agigantados, el consumo de energía en aumento imparable, el calentamiento global, los fundamentalismos rampantes (y no solo me refiero al radicalismo islámico) la recesión cultural y científica que sin duda vivimos globalmente... este es el peor momento para abandonar la mejor ventaja natural que poseemos: la clarividencia.

CAPÍTULO 12

TOLKIEN, PLATÓN Y LA SENSACIÓN DE IMPUNIDAD

El mundo creado por el escritor fantástico J. R. R. Tolkien gira en torno a un anillo, el anillo único, que sirve para controlar a todos los Anillos de Poder. Su portador adquiría un poder tremendo. En la imaginación de Tolkien el anillo poseía muchas propiedades[38], pero las más importantes eran dos: la de volver invisible a quien lo encajase en su dedo, y la forma que tenía de corromper a su portador, que llegado a un punto sólo se preocupaba de preservar el anillo y el poder que éste le otorgaba.

Esta descripción evoca inquietantes similitudes con las actitudes de muchas personas en posición de poder.

En realidad la idea del anillo de invisibilidad no es de Tolkien, sino de Platón, que ya en su obra "La República" (380 AC) menciona una idea similar al discutir sobre la justicia y la moralidad, preguntándose si éstas son un bien abstracto inherente al ser humano o una construcción social.

Al principio del capítulo 3 del Libro II[39], Glaucón habla del anillo de Giges, que hace invisible a quien lo lleve, permitiéndole

---

[38] http://j.mp/1PIEpal - Anillo Único - Wikipedia.
[39] http://j.mp/1mB6hBt - La República: Libro II – Wikisource.

actuar impunemente. Sugiere que cualquier persona que disfrute de sus poderes actuará de la misma manera, independientemente de que sea una persona honrada o no: robando lo que deseen, matando a sus enemigos, yaciendo con las mujeres que les plazca… Y añade:

> *"Es más: si hubiese quien, estando dotado de semejante talismán (se refiere al anillo), se negara a cometer jamás injusticia y a poner mano en los bienes ajenos, le tendrían, observando su conducta, por el ser más miserable y estúpido del mundo; aunque no por ello dejarían de ensalzarle en sus conversaciones, ocultándose así mutuamente sus sentimientos por temor de ser cada cual objeto de alguna injusticia."*

La deprimente visión sobre el ser humano de Platón es que éste sólo hace el bien no por su naturaleza sino por temor al castigo, pero cuando se añade la posibilidad de delinquir sin consecuencias, todo el mundo se corrompe. Con la connivencia de los demás, temerosos de ser ellos los que sufran las consecuencias.

Lo que es todavía más deprimente es que, casi 2.400 años después, sus palabras sigan siendo igual de actuales. A pesar de la civilización, de los avances en la ciencia y en la cultura, las personas se siguen comportando igual.

Es por eso que muchos políticos, banqueros, parientes de la realeza, grandes empresarios y demás gente con poder actúan de la forma en que lo hacen: se creen que llevan puesto el anillo de Giges y que nunca serán castigados por sus acciones. Todos ellos creen que son intocables: porque son los que manejan las leyes, porque son demasiado grandes para dejarlos caer, porque hay cosas que son sagradas y no se tocan, porque tienen mucho (¡mucho!) dinero...

Y hasta ahora ha sido siempre así.

Me parece que es muy ingenuo pensar que otras personas investidas del mismo poder no actuarían del mismo modo. No dudo que haya individuos buenos (incluso entre los políticos :-P) pero, para subir entre los engranajes de un sistema que ya está corrupto en su propio concepto, creo que es indispensable convertirse en un injusto, en el sentido que le daba Glaucón.

Me temo que aunque "reiniciemos" el sistema será imposible cambiar esto, porque es inherente a la naturaleza humana. Asumiendo que es imposible acabar con la corrupción y la injusticia de los poderosos, sólo podemos tratar de combatirlas y minimizarlas contrarrestando el efecto de la invisibilidad y de la invulnerabilidad.

Uno de los principales objetivos de las religiones organizadas ha sido, históricamente, el control de las acciones de los hombres. Para ello lo que hacían era acabar con esa sensación de invisibilidad: existe un dios que te vigila y lo sabe todo. Los poderosos aunque de cara a la galería dijesen lo contrario, nunca han creído en ello, y por eso actuaban como les placía.

El nuevo dios escrutiñador debe ser la sociedad, los medios y hoy en día Internet. Por eso, por ejemplo, en su día me posicioné a favor de Wikileaks.

Lo que habría que hacer, de forma individual y global, para conseguir minimizar la corrupción a todos los niveles sería:

- **No asumamos que es normal**. Empecemos por nosotros mismos y los que tenemos cerca: no toleremos la famosa "picaresca" (palabra que odio, porque es un eufemismo para el simple robo o la estafa).
- **Los medios** deberían encargarse de hacer públicos todos los desmanes (¡adiós invisibilidad!), pero sin intereses partidistas detrás como ocurre casi siempre. También máximo respeto a las instituciones, pero si algo huele a podrido en el reino, deberíamos saberlo siempre, sin censura. Internet y las redes sociales pueden jugar un gran papel en todo esto. Fomentar al máximo la transparencia, vamos.
- **La justicia debería ser verdaderamente independiente**. Cada vez que oigo que tal o cual juez es de la línea conservadora o progresista (o sea, que apoya a uno u otro partido) no entiendo cómo se puede hablar de justicia. Un juez puede tener opiniones privadas, pero jamás deberían trascender, y debería aplicar un criterio objetivo siempre, aunque vaya en contra de sus creencias (eso se les supone, pero…).
- **Sentencias ejemplarizantes**. No se trata de cebarse con nadie ni usar la justicia como venganza. Se trata de transmitir de una vez por todas que el que las hace en corrupción, las paga. De verdad. Que se lo tengan que pensar mucho más antes de cometer ciertos desmanes. Y, por supuesto, devolución íntegra y gravada con un "plus" de todo el dinero robado o malversado.

- **Hay que acabar con la barra libre de indultos**. Deberían ser para ocasiones excepcionales y muy justificadas[40].

Lo sé, soy un iluso, pero por pedir que no quede :-)

[40] http://j.mp/1OvxFM0 - Si, como yo, creías que eran algo esporádico, por favor lee este artículo de Javier Marías ("Indultos a manos llenas") y te aseguro que te enterarás de una situación increíble. Y por supuesto te indignarás.

CAPÍTULO 13

CABEZA DE RATÓN O COLA DE LEÓN

> *"Dícese que pasando los Alpes, al atravesar sus amigos una aldea de aquellos bárbaros, poblada de pocos y miserables habitantes, dijeron con risa y burla: '¿Si habrá aquí también contiendas por el mando, intrigas sobre preferencias y envidias de los poderosos unos contra otros?' Y que César les respondió con viveza: 'Pues yo más querría ser entre éstos el primero que entre los Romanos el segundo'." - Julio César, atribuido por Plutarco en "Vidas Paralelas", Tomo V*[41].

Echémosle imaginación y supongamos que, en los tiempos que corren, te ofrecen dos trabajos que podemos considerar idénticos en cuanto a horario, responsabilidades, proyección profesional y ubicación geográfica. Ambos son en sendas grandes empresas y realmente la única diferencia entre los dos es el salario:

- En el trabajo "A" te ofrecen 50.000€ anuales, pero sabes que tus compañeros de departamento ganan de media 30.000€.

[41] http://j.mp/1TAimBQ - Textos clásicos - Plutarco - Vidas Paralelas - TOMO V - Gayo Julio César.

- En el trabajo "B" te ofrecen 60.000€ anuales, pero tus compañeros ganan todos una media de 90.000€.

¿Cuál de los dos trabajos escogerías?. Piénsalo con detenimiento antes de continuar…

Cualquier persona que actuase de forma racional elegiría, sin duda, el trabajo "B", pues objetivamente vas a ganar más y los demás factores son idénticos. La realidad, sin embargo, indica que ¡algo más de a mitad de la gente elegiría el trabajo "A"!.

En un estudio ya clásico presentado en 1997 en el *Journal of Economic Behavior & Organization* y titulado "Is more always better?: A survey on positional concerns"[42], los profesores Sara Solnik (Univ. Miami) y David Hemenway (Univ. Harvard) exploraron con diversos experimentos similares al anterior, la influencia que tiene la posición social o la bondad relativa de una situación a la hora de tomar decisiones. Y confirmaron que dicha importancia es enorme.

Entre sus conclusiones encontramos algunas cuestiones que, en su mayoría, resultan sorprendentes a los ojos de una persona racional:

1. En contra de lo que pudiera parecer, no se obtendrá soporte de una gran mayoría de la gente a la hora de votar a favor de una situación que beneficia a todo el mundo, incluyendo a uno mismo. Su posición relativa frente a

[42] http://j.mp/1n0pNYE - Is more always better?: A survey on positional concerns – Harvard - PDF, 93KD, 11 páginas.

los demás importa y mucho, por lo que tenderán a favorecer situaciones que son peores para ellos pero en las que su posición relativa frente a los demás mejora.

2. Hay cuestiones en las que la posición relativa de uno frente a los demás es más importante que en otras. Por ejemplo, en el trabajo nos influye mucho nuestra ubicación relativa en cuanto a salario o puesto, pero no por ejemplo si otros tienen más o menos vacaciones.
3. Nuestro estatus relativo frente a otras personas en cuestiones como la apariencia, el nivel de ingresos y la educación tienen una influencia enorme en muchos comportamientos de consumo. Hasta tal punto de invertir lo que haga falta (dinero, tiempo, esfuerzo...) con tal de no perder el estatus y permanecer en la misma posición relativa.
4. En el caso de tomar decisiones sobre nuestros hijos, la influencia es mayor incluso que sobre decisiones que nos afecten sólo a nosotros.
5. La posición social relativa influye muchísimo en la política y tiene efectos que poco tienen que ver con la racionalidad. Por ejemplo, no se aprobaría una bajada de impuestos para todos, con beneficio claro para todo el mundo, si ello implicara un beneficio mayor para los que más ingresos tienen. Es decir, mucha gente no aprobaría una ley que los haría más ricos si su posición social relativa cayese respecto a la que tienen ahora, aunque objetivamente su situación absoluta mejore.

Las teorías económicas y políticas tradicionales asumen que la satisfacción de las personas es independiente de las posesiones y de la posición/satisfacción de los demás. Sin embargo el estudio de bienes posicionales demuestra que no es así en absoluto.

Las ramificaciones de esta disonancia cognitiva son enormes e influyen en todo tipo de ámbitos. Podríamos hablar durante horas sobre el asunto.

Para mí, la conclusión principal es que no siempre es posible convencer a la gente usando criterios racionales y objetivos. En este libro encontrarás este comportamiento explicado en varias ocasiones.

El ser humano es muy complejo y lo que nos motiva muchas veces va en contra de nuestros propios intereses.

Conocer este tipo de disonancia nos puede ayudar en muchos ámbitos de la vida: profesional, personal, político, empresarial... Y sobre todo, obtener el conocimiento de que nosotros mismos actuamos de esa manera sin darnos cuenta, puede ayudarnos a reflexionar y actuar de una manera más lógica en el futuro. Yo mismo, que me considero una persona analítica y objetiva, me doy cuenta muchas veces de que me estoy dejando llevar por cuestiones posicionales. Saberlo me ayuda a actuar de una forma diferente y más productiva. Aunque hay veces que no sirve de nada y puede más el criterio subjetivo, claro.

Tener en cuenta esta faceta de la psique humana, nos ayudará a entender mejor a los demás, saber gestionar ciertas situaciones a la luz de este conocimiento y, sobre todo, no caer nosotros mismos en nuestras propias trampas. Y es que muchas veces, como Julio César, irracionalmente preferimos ser cabeza de ratón que cola de león...

CAPÍTULO 14

LOS PROCESOS DE MARKOV NOS GUIARON HASTA AQUÍ

Richard Dawkins en su famoso libro "El Gen Egoista"[43] nos recordaba que un grupo cuyos miembros individuales estén preparados para sacrificarse por el bien común tienen más probabilidad de perdurar (menos probabilidad de extinguirse) que aquellos otros grupos o especies cuyos individuos antepongan sus propios intereses egoístas primero.

Lo que ocurre es que incluso en el grupo más altruista siempre existe al menos una minoría que rechazará llevar a cabo cualquier sacrificio o esfuerzo por el bien común. Con que exista solamente uno de estos individuos tendrá una gran ventaja sobre los demás. Desde la óptica evolucionista esto implica que le resultará más fácil reproducirse y por lo tanto que sus genes persistan y se extiendan. Después de muchas generaciones de selección natural los altruistas desaparecerán del grupo, convirtiéndose en una población mayoritaria de individuos egoístas.

Si hacemos la analogía desde el punto de vista social, significa que dentro de un grupo mayoritariamente altruista a los egoístas les irá mejor. Tendrán acceso a más recursos, y por obra y gracia

---

[43] http://j.mp/1P9EvTU - El Gen Egoísta: Las Bases Biológicas De Nuestra Conducta - Richard Dawkins - Casa del Libro.

del efecto Mateo, la diferencia será cada vez más acusada. Además, en el caso de los grupos humanos, el resto tenderá a imitar este comportamiento como forma de mejorar o como reacción racional hacia ese comportamiento (el típico "donde fueres haz lo que vieres"), así que a largo plazo los grupos humanos tienden a ser egoístas.

En biología, teoría de juegos y psicología evolutiva se denomina Estrategia Evolutivamente Estable[44] (ESS de sus siglas en inglés: *Evolutionarily Stable Strategy*) a aquella que si es adoptada por la mayoría de los individuos de un grupo no podrá ser mejorada por ninguna otra estrategia individual. Dicho de otro modo quiere decir que la mejor estrategia de supervivencia de un individuo depende de lo que haga la mayoría de la población.

Una vez que casi todos adoptan cierta estrategia/actitud no hay ningún comportamiento racional individual que pueda vencer al grupo. Aunque haya pequeños episodios de cambio, perturbaciones en el comportamiento general, al cabo de poco tiempo todo vuelve a su equilibrio anterior.

Los procesos de Markov son una abstracción matemática para describir la misma situación que la ESS. Siempre que haya un número finito de estados entre los que moverse y que la probabilidad de transición entre ellos sea constante, aunque se cambie momentáneamente la situación general, a largo plazo siempre se acaba exactamente en el mismo estado global de equilibrio.

Todo en la naturaleza apunta hacia el equilibrio. Sólo hay dos maneras de cambiarlo:

---

[44] http://j.mp/1msKlel - Evolutionarily Stable Strategy – Wikipedia.

1. Que esas perturbaciones pasen a ser el comportamiento generalizado.
2. Que un fenómeno externo al grupo y fuera de su control fuerce el cambio.

Por desgracia hasta ahora la historia nos demuestra que generalmente la segunda opción es la que prevalece. Es lo que nos ha llevado a donde estamos y, por lo que parece, es lo único que nos sacará.

CAPÍTULO 15

COMO PAVOS VOTANDO A FAVOR DE LA NAVIDAD

Tengo un familiar lejano de origen latinoamericano que es emigrante en EEUU. Reside allí desde hace décadas, está nacionalizado y todos sus hijos nacieron allí. Cuando lo conocí -hace ya bastantes años- me sorprendió mucho ver algunas actitudes que mostraban tanto él como su mujer (de la misma nacionalidad). Era una sensación general de ser, como se suele decir, "más papista que el papa". Me refiero a toda esa actitud que se traen muchos estadounidenses de sentirse el ombligo del mundo, creerse los más "modernos" y en la cresta de la ola pero al mismo tiempo ser extremadamente conservadores, etc... Si has conocido a unos cuantos sabrás perfectamente a qué me refiero porque te habrá tocado alguno así. Además eran fervientes votantes de los republicanos, cuyas políticas claramente desfavorecen a las minorías. Están tan imbuidos en el sistema que hablan entre ellos en inglés en casa y sus hijos ni siquiera entienden el español. WTF?

Me imaginaba que era un caso extremo, quizá minoritario, pero aun así muy llamativo. Entiendo que debe de ser duro llegar a un país nuevo y sentirte diferente, y que en EEUU todavía pervive mucho racismo, así que parece lógico tratar de mimetizarse. No obstante una cosa es mimetizarse y otra es soportar fervientemente a ese sistema, incluso en la intimidad, llegando a negar a tus hijos la gran ventaja que les ofrece el bilingüismo en un país donde las estadísticas sobre el idioma español son tan abrumadoramente favorables.

En realidad no es un caso tan raro. Desde entonces he conocido algunos casos más, y según las propias estadísticas del censo de los EEUU, en 2010 sólo el 75,1% de los hispanos hablaban español en casa. O sea que ¡existen literalmente millones de familias así!.

Lo cierto es que, como digo, no es un caso aislado y poco frecuente sino que se da mucho más de lo que pensamos, ya que se trata de un comportamiento inconsciente: ¿cómo es posible que las minorías voten a favor de partidos que claramente les perjudican? ¿Y que en países en los que los hombres son extremadamente sexistas y misóginos la tendencia general entre las mujeres sea la de soportar ese mismo sistema que las oprime? ¿Que muchos miembros de minorías étnicas se crean y contribuyan a los estereotipos que existen sobre ellos? ¿Qué muchas niñas negras identifiquen a las muñecas blancas como las que son bonitas o más deseables?...

La primera reacción de cualquiera ante ejemplos como estos sería la de pensar: "Es de idiotas: ¿quién va a hacer algo así? ¿Quién va a ir en contra de sus propios intereses?".

Los anglosajones, de hecho, tienen una expresión para este tipo de situación: "It's like turkeys voting for Christmas"[45], que emplean cuando alguien hace algo que claramente va en contra de sus intereses, en especial cuando se trata de política.

Sin embargo lo cierto es que la gran mayoría de la sociedad actúa de esta forma. Veamos por qué.

La teoría de la justificación del sistema

Este tipo de actitud siempre me ha llamado extremadamente la atención y he procurado investigar y leer sobre ello para tratar de entenderlo. Y todavía me cuesta. Sin embargo se trata de un tipo de disonancia cognitiva, al igual que el "Paradigma de conformidad inducida" del que ya he hablado anteriormente[46], y ha sido bastante estudiado durante las últimas décadas.

En el año 2004, el profesor John T. Jost[47] de la Universidad de Nueva York y un par de colegas suyos de Virginia y Harvard publicaron un interesantísimo artículo en el *Political Psychology Journal* titulado "A Decade of System Justification Theory: Accumulated Evidence of Conscious and Unconscious Bolstering of the Status Quo"[48]. Es un tanto largo (39 páginas) pero merece mucho la pena su lectura. En él detallan los motivos que generan la disonancia cognitiva que ellos denominan "Teoría de la justificación del sistema".

---

[45] "Es como si los pavos votasen a favor de la Navidad", que es, junto con Acción de Gracias, cuando más se los masacra para comérselos.

[46] Ver el capítulo titulado "La fruta más alta siempre sabe mejor".

[47] http://j.mp/1msEsfh - John T. Jost - Universidad de Nueva York.

[48] http://j.mp/1PFQGMO - A Decade of System Justification Theory: Accumulated Evidence of Conscious and Unconscious Bolstering of the Status Quo (PDF, 39 páginas).

Esta teoría de psicología social postula que la mayoría de la gente tiene motivaciones para impulsar, defender y justificar el *statu quo*, es decir, la situación política, social, cultural o económica en la que viven.

En el caso de los favorecidos por la situación es normal que estén a favor de un sistema que los convierte en privilegiados. Sus motivos son conscientes. En el caso de los desfavorecidos por la situación la cosa se complica.

Los modelos tradicionales de teorías de justificación de grupos se basan en dos dimensiones: el yo y los que son como yo. En esencia lo que dicen es que uno necesita aceptarse y gustarse a sí mismo en primer lugar. Luego se traza un círculo que define al grupo de los que son como yo, normalmente en una única dimensión: los de mi raza, mi país, mis creencias... Ese grupo es el nuestro y es con el que estamos. Se tiende a favorecer a nuestro grupo aunque sea a costa de los que están fuera de éste. Todo esto ofrece una lógica bastante evidente, pero sin embargo falla y no nos sirve para explicar los comportamientos que acabamos de describir.

Jost y sus colegas hablan de una tercera dimensión más allá del grupo y el ego: La justificación del sistema, o lo que es lo mismo, la tendencia a que las cosas sigan como están que todos tenemos.

Como casi todo en la naturaleza, el cerebro humano tiende a funcionar siguiendo la ruta de menor resistencia, haciendo el menor trabajo posible. Por ello una manera sencilla de ver el mundo es basándose en estereotipos, en lugar de considerar en cada momento y para cada cuestión todos los razonamientos lógicos que deberíamos hacer. Así, el mundo funciona a base de estos estereotipos que nos ayudan a explicarlo de manera simple.

Como tenemos que poner en armonía las tres necesidades que tenemos (el yo, el grupo al que pertenecemos y el sistema en el que debemos vivir), la única forma de conseguirlo que tienen los que están en la escala menos favorecedora es creer en estereotipos que hacen que se justifique el sistema sin corromper la necesidad del ego y del grupo. Existen multitud de ejemplos: la creencia en que el esfuerzo es la única forma de llegar arriba (claramente no es así), la creencia en que el mundo es justo (y por tanto me merezco estar donde estoy, sea "arriba" o "abajo"), la ideología del libre mercado, el fundamentalismo religioso, el conservadurismo político...

En el caso de los emigrantes favoreciendo políticas muy restrictivas con la inmigración (generalmente de corte conservador), el estereotipo sería que los emigrantes son unos vagos que vienen a quitarnos el trabajo y a llenar de delincuencia el país. El razonamiento a partir de ese estereotipo en el caso de un inmigrante latino en EEUU podría ser:

- Yo no soy ilegal (dimensión del "yo").
- Yo soy uno de los latinos buenos porque trabajo, no cometo delitos y pago mis impuestos (dimensión del "grupo").
- El problema por lo tanto no es el racismo, es la inmigración ilegal que nos traería a todos esos vagos y maleantes que no son como yo (justificación del sistema).

Así que votan a favor de cerrar aún más las fronteras y otras políticas sobre las que deberían estar en contra a priori.

Es muy importante señalar que este tipo de razonamientos inconscientes ocurrirán a pesar de la plausibilidad de los argumentos que se esgriman: mientras el estereotipo esté suficientemente arraigado y por lo tanto el razonamiento pueda tener un mínimo sentido será suficientemente bueno para nuestro cerebro.

En definitiva, si el sistema permite de alguna manera que las personas mantengan su autoestima todos buscaremos una forma de racionalizar nuestra posición dentro del mismo, aunque sea inconscientemente, usando para ello estereotipos. Y esto es válido tanto para los que están "arriba" (que lo tienen fácil) como para los menos favorecidos por el propio sistema.

Y es por esto que los sistemas sociales y políticos, aunque sean injustos, no tienden a cambiar. Porque ni siquiera los oprimidos por éstos están realmente en contra. Es más, a veces pueden ser los que más lo apoyen. Sólo cuando las cosas llegan a límites insospechados y los movimientos minoritarios explotan se rompe el proceso de Markov y las cosas pueden cambiar.

Se trata de un tema muy complejo en el que hay mucho en lo que profundizar (remito al artículo de Jost como primer paso), pero merece la pena al menos ser conscientes de ello y tratar de interiorizarlo. A partir de ahora antes de tomar una decisión pensemos si la estamos tomando bajo la influencia de la justificación del sistema y si realmente el cambio que se produciría si todos dejásemos de apoyarlo sería tan grave como pensamos. Dejemos de lado la disonancia cognitiva que nos ayuda a sentirnos mejor y pongamos en marcha el pensamiento crítico. Es la única manera de lograr cambios.

A continuación escribiré acerca de la relación que tiene la teoría de justificación del sistema con la abolición de sistemas injustos, incluso el esclavismo, y cuánto influyó en mantenerlos o ayudar a derrotarlos. Me parece un tema de gran importancia sobre el que no se habla habitualmente.

CAPÍTULO 16

EL FIN DEL ESCLAVISMO Y OTRAS FÁBULAS MORALES PARA NIÑOS

En los dos capítulos anteriores a este escribí sobre dos efectos que me interesan mucho. Por un lado está la tendencia de los sistemas sociales a permanecer inalterados, algo que forma parte de la propia naturaleza y que se conoce como sistemas evolutivamente estables y que también se puede asimilar en cierto modo a los procesos de Markov. El otro efecto interesante, más ligado a la sociología, es el que dimana de la teoría de justificación del sistema, en virtud de la cual la mayoría de la gente tiene motivaciones para impulsar, defender y justificar el *statu quo*, es decir, la situación política, social, cultural o económica en la que viven.

Un tercer efecto relacionado que me parece incluso el más importante es la propia presión que ejercen los grupos de poder económicos.

La esencia de la cuestión es muy sencilla: ¿las situaciones injustas generalizadas cambian cuando la presión social se hace insostenible o porque los poderes económicos acaban por permitirlo cuando la nueva situación les va a favorecer todavía más?.

Es una pregunta muy importante porque pone en duda que haya muchas cosas que los grupos sociales puedan hacer verdaderamente para cambiar las situaciones injustas que afectan a una gran parte de la población. Sin llegar a los extremos de una revolución, algo harto difícil de conseguir como hemos visto en los dos capítulos precedentes.

Un caso especialmente esclarecedor que nos muestra la historia tiene que ver con la abolición de la esclavitud en las colonias británicas en el siglo XIX.

La esclavitud y las buenas intenciones de los que mandan

A lo largo de la historia occidental, ¿en cuántas ocasiones las consideraciones morales han tenido preferencia sobre las económicas? Nunca. Jamás. Never.

La trata de esclavos en las colonias británicas se abolió oficialmente el 25 de marzo de 1807[49]. La esclavitud en si misma aún tardó algo más en ser abolida y no lo fue hasta 1833[50].

La esclavitud en las colonias había durado casi 400 años. En 400 años esa situación injusta no cambió. Siempre hubo personas en contra, una minoría, y luego estaban los propios interesados que eran los esclavos. La teoría de la justificación del sistema por sí sola no llega para explicar por qué duró tanto una situación tan extrema para tantas personas en una sociedad occidental pseudo-civilizada e ilustrada.

---

[49] http://j.mp/1Ty3EeK - Slave Trade Act 1807 - Wikipedia.
[50] http://j.mp/1kCMtFo - Slavery Abolition Act 1833 - Wikipedia.

Sin embargo, si nos fijamos en las fechas, los hechos comienzan a cobrar más sentido. Se dieron otros dos sucesos históricos casi al mismo tiempo o de manera muy cercana: la independencia de América del Norte del imperio británico en 1783, y la primera revolución industrial, ocurrida en Inglaterra entre 1750 y 1850.

¿Por qué fue importante esta confluencia temporal?

Tras comenzar la guerra de la independencia americana en 1775, se prohibió a todas las colonias británicas mantener relaciones comerciales o económicas con las colonias de América del Norte (los incipientes Estados Unidos), la cual se prorrogó tras el fin de la guerra. Hasta entonces esa región era el mayor mercado de los británicos, pero además constituía el principal proveedor de suministros para sostener a los esclavos africanos de las otras colonias, por cuestiones de proximidad. Ello obviamente hizo mucho más difícil soportar el sistema existente en esas regiones.

La mayor parte de los esclavos trabajaban en la producción de caña de azúcar, un negocio muy lucrativo. Más o menos por esa época comenzaron las grandes presiones competitivas de otras naciones productoras, como Cuba o India, que llevaban los precios a la baja. Además, la revolución industrial trajo una gran eficiencia en la producción de todo tipo de bienes. Inglaterra prohibió el desarrollo de la industria en sus colonias para evitar que pudieran ser competitivas (de una manera brutal, por cierto[51]), y no levantó la prohibición hasta que su ventaja fue

---

[51] http://j.mp/1OCSAbS - Live and Let Die: Colonial Sovereignties and the Death Worlds of Necrocapitalism, Subhabrata Bobby Banerjee, University of South Australia - Borderlands e-journal, Vlume 5, Number 1, 2006.

tan grande que estaban seguros de que no había forma de que sus colonias pudieran competir en igual de condiciones con ellos.

Resultado: los esclavos ya no tenían sentido económico real cuando se produjo la abolición. La revolución industrial había entrado por completo y estos vestigios del pasado eran más un obstáculo que una ayuda. Fue entonces cuando se permitió de verdad que las voces discordantes se extendieran y se culminó con la abolición.

Obviamente cualquier descripción histórica tan breve como esta es a la fuerza simplista, y hubo seguramente otros factores que entraron en juego[52]. Pero no obstante a grandes rasgos creo que es bastante acertada.

Ha ocurrido de manera similar en otras épocas de la historia. Por ejemplo, en la antigua Roma la esclavitud se terminó también por que dejó de ser práctica económicamente.[53]

Una tercera fuerza del cambio

Como resumen de las ideas principales de estos tres capítulos podría decir que para que una sociedad cambie radicalmente se necesitan tres factores cuyos efectos se reparten en mayor o menor medida y están entrelazados:

---

[52] http://j.mp/1YYV4am - Celebrating the Madness: Britain's Financial Decision to End the Slave Trade - Trinidad and Tobago News Blog. Este artículo, de cuando se celebró el segundo centenario de la abolición, cuenta con más detalle lo que comento en este epígrafe. Es muy interesante.

[53] http://j.mp/1O42rIl - Modo de producción esclavista - La crisis del modo de producción esclavista - Wikipedia.

1. Que se alteren las probabilidades de transición de una situación a otra (proceso de Markov).
2. Que el cambio se asuma como algo inevitable o a todas luces tan injusto que rompa el efecto de justificación del sistema.
3. Y que los poderes económicos vean la nueva posible situación como algo más favorable que la que tienen actualmente.

Esto se puede aplicar a multitud de situaciones que se dan todavía hoy en día en nuestra sociedad occidental, si bien no tan extremas. Y muchas que no nos afectan directamente a nosotros, que nadie se mire en exceso el ombligo, pero en las que de un modo u otro estamos participando (una pista: como consumidores).

Que cada uno saque sus propias conclusiones…

CAPÍTULO 17

IT TAKES A GENERATION

El influyente antropólogo Edward Burnett Tylor[54] definió La Cultura como:

> *"Ese todo que incluye el conocimiento, las creencias, el arte, las leyes, la moral, las costumbres... y todas aquellas capacidades y hábitos adquiridos por el hombre como miembro de la sociedad."*

La Cultura se divide entre lo que denominamos "cultura material" y "cultura inmaterial". La primera incluye todas las cosas físicas que el hombre produce y a las que les asigna un significado: arquitectura, comida, libros, máquinas, tecnología, y la manera de ver la naturaleza y otros objetos físicos no creados por el hombre. La cultura inmaterial, por el contrario, la forman las creaciones y las ideas abstractas compartidas por los miembros de una sociedad: la ética y la moral, los roles sociales, la filosofía, las creencias, las costumbres...

La cultura inmaterial suele ir siempre por detrás de la material, es decir, toda innovación tecnológica de calado siempre va por delante de la sociedad en general. Es lo que se denomina "retardo cultural", y se refiere al tiempo que necesita la sociedad

---

[54] http://j.mp/1R3Drqt - Edward Burnett Tylor, Wikipedia

en adaptarse verdaderamente a los cambios tecnológicos, debido a la inercia cultural, la educación, las situaciones socio-familiares, etc...

Lo cierto es que veo muchas pruebas de ello a menudo.

Tome usted su smartphone y bienvenido a la sociedad de la información

Yo soy de los que piensa que el determinismo tecnológico es una teoría correcta, al menos en los últimos siglos.

En un resumen muy breve, esta corriente de pensamiento formulada por primera vez de manera académica por Karl Marx, presume que los avances tecnológicos y las innovaciones de calado influyen de manera determinante en la estructura social y los valores culturales. Desde el fuego o la agricultura, hasta Internet, pasando por la máquina de vapor, la electricidad, las vacunas o las fábricas, la tecnología ha influido de manera determinante en la sociedad y en la cultura.

Pero por regla general los cambios que han producido estas revoluciones tecnológicas han necesitado una generación por lo menos para que la sociedad realmente los pudiera asumir y adaptarse a ellos.

Este desacoplamiento es evidente: la tecnología tiende a avanzar a toda velocidad, pero por el contrario la sociedad (la cultura no-material) tiene una inercia que provoca una resistencia al cambio y una tendencia a permanecer como está.

Evidentemente en algunos casos este retardo genera implicaciones éticas, sociológicas e incluso filosóficas muy grandes.

Pensemos por ejemplo en la investigación con células madre o los alimentos modificados genéticamente.

No obstante yo me estoy refiriendo a cuestiones mucho más prosaicas, relativas a costumbres sociales y al uso apropiado de la tecnología. Mi tesis es que el hecho de que todo el mundo hoy en día tenga un *smartphone* en el bolsillo o utilice un ordenador, no quiere decir que realmente se hayan adaptado a la sociedad de la información. Eso requiere un cambio cultural y sociológico mucho más profundo, y se necesitará probablemente una generación para conseguirlo.

Por ello, hablar de "penetración de la tecnología en la sociedad" o medir el progreso en "número de líneas de Internet por cada 100 habitantes", es una falacia que -seguramente sin mala intención o al menos sin pensar en su verdadero significado- se nos ofrece desde los medios de comunicación y los estamentos políticos. Como si el mero hecho de disponer de acceso a un avance tecnológico significase que realmente éste haya sido adoptado, comprendido e interiorizado.

No nos dejemos cegar por las luces de las pantallas. Todavía queda mucho camino que recorrer.

CAPÍTULO 18

PROCESOS EXPONENCIALES

Las funciones de crecimiento exponencial son ampliamente conocidas, pero subestimadas de manera sistemática. El problema es que es fácil conocer su resultado cuando las estudiamos conceptualmente, pero es extremadamente difícil en la práctica prever a donde van o incluso reconocer que estamos ante un proceso que sigue ese patrón.

Hay muchos ejemplos e historias relacionadas con el crecimiento exponencial. La más conocida sin duda es la del inventor del ajedrez que pidió como recompensa unos "pocos" granos de arroz y resultó que no había arroz suficiente en el mundo para pagarle. A mí, en particular, la que más me gusta es la de los nenúfares en el estanque, que ilustra extremadamente bien el concepto y lo fácil que podemos vernos sorprendidos por sus efectos:

> *Imagina que tenemos un estanque e introducimos en él una nueva especie de nenúfares preciosos para que lo adornen. Estas plantas acuáticas doblan su población cada día que pasa y se ha calculado que podrían ocupar la superficie completa del estanque en 30 días. Si llega ese momento tenemos un problema, pues acapararán todos los recursos, quitarán el oxígeno y acabarán con*

toda la vida del estanque. Así que debemos vigilarlos y evitar que esto ocurra.

¿Cuándo crees que sería recomendable empezar a tomar medidas para evitarlo?:

a) Cuando esté la mitad del estanque cubierto

b) Cuando esté entre el 25% y el 50% cubierto

c) Entre el 12% y el 25%

d) Entre el 6 y el 12% de la superficie cubierta

Tic, tac, tic, tac...

Dado que es un crecimiento exponencial y cada día se duplica, si escogiésemos la respuesta a) tendríamos sólo un día para reaccionar y combatir la invasión de nenúfares, ya que para llegar a ocupar de la mitad del lago al total (que es el doble) sólo se necesitaría un día según la progresión. Pero las demás respuestas no nos darían tampoco demasiado margen. Si nos fijamos, en el día 26 (o sea, a falta solo de 4 días) estaría cubierta el 6% de la superficie nada más, y en 4 días el lago estaría colapsado.

Es decir, observando el proceso cada día durante el periodo, y a pesar de estar casi hacia el final, no nos daríamos cuenta de la gravedad de la situación.

Este es quizá un ejemplo extremo, pero lo cierto es que hay muchos procesos que funcionan de manera muy similar. Lo único que varía es el periodo en el que se duplica el efecto.

La magia de las inversiones financieras se basa en la dificultad para darse cuenta este efecto exponencial. Para verlo podemos hacer otro cálculo sencillo: podemos determinar el periodo de un proceso exponencial, de manera aproximada, dividiendo el número 70 entre el porcentaje de variación por unidad de tiempo.

Por ejemplo, en el caso de una inversión financiera, si la unidad de tiempo es un año y el interés que nos pagan es de un 7% anual, en 10 años (70/7 = 10) tendremos aproximadamente el doble de lo que invertimos. Impresiona ¿verdad? y es difícil llegar a esa conclusión viendo ese aparentemente exiguo 7%. En Chipre por lo visto esto se daba sin muchos problema no hace tanto. Y de hecho los grandes inversores lo consiguen cotidianamente especulando, pudiendo duplicar sus fortunas en mucho menos tiempo.

Al igual que hay crecimiento exponencial, hay decrecimiento exponencial, en el que se pierde la riqueza a una velocidad similar. Y del mismo modo es difícil verlo. Si el IPC crece un 3,5% anual (yo creo que el real es mayor, pero consideremos este), entonces según la regla enunciada, en aproximadamente 20 años se duplica el precio de las cosas. Si no conseguimos generar riqueza (¡y aumentar nuestros salarios!) al mismo tiempo, nos estaremos empobreciendo a marchas forzadas. Y eso que un 3,5% no parece mucho.

Por eso existen situaciones y procesos en los que es muy difícil reconocer sus efectos a corto o medio plazo, y determinar cuánto tiempo puede pasar hasta que estemos con el agua al cuello. En el ejemplo del estanque es fácil ver que está la mitad "todavía" libre de nenúfares y pensar que todavía nos queda mucho tiempo para actuar. Pero será un grave error…

La segunda mitad del tablero de ajedrez

El profesor irlandés John Naughton[55] propuso en cierta ocasión el siguiente ejercicio mental, que me influyó enormemente cuando lo leí:

> *Las primeras biblias salieron en 1455 de la imprenta de Johannes Gutenberg en la ciudad alemana de Mainz. Imagínate que unos pocos años más tarde (¿20?) eres una especie de encuestador medieval que se sitúa en un extremo del puente mayor de Mainz y les haces a los transeúntes unas cuantas preguntas, en plan sondeo de opinión. Una de ellas es la siguiente:*
>
> *En una escala del 1 al 5, donde 1 significa "Con muy poca probabilidad" y 5 "Con gran probabilidad", con qué probabilidad cree usted que el nuevo invento de Herr Gutenberg va a:*
>
> *a) Socavar la autoridad de la Iglesias Católica*
>
> *b) Impulsar la Reforma Protestante*
>
> *c) Facilitar la ascensión de la ciencia moderna*
>
> *d) Crear clases sociales y profesiones completamente nuevas*

---

[55] http://j.mp/1Rsk7Uo - John Naughton - Wikipedia

e) Cambiar nuestra concepción sobre la infancia como un periodo protegido en la vida de las personas

Es evidente que nadie en aquella época, ni siquiera el propio Gutenberg, podría haber imaginado que este aparentemente insulso invento iba a cambiar tanto la historia y el transcurso de la humanidad en los siguientes siglos. De hecho impactó de manera profunda en todo lo que se menciona en la "encuesta" y en muchas otras cosas, sólo que a un ritmo muy lento.

Esto me lleva de nuevo a los procesos exponenciales. Es muy difícil (en realidad imposible) calibrar el impacto que están teniendo en la sociedad, la economía y el mundo en general los avances tecnológicos de la época que nos está tocando vivir.

Existen dos motivos principales: la lógica falta de perspectiva, y el hecho de que el progreso tecnológico actual es exponencial.

En lo primero estamos más o menos en igualdad de condiciones con los paisanos del siglo XV, pero en lo segundo es mucho peor de cara a vislumbrar el futuro, pues el avance de la tecnología -y por lo tanto sus efectos- son mucho más rápidos.

Existe una fotografía, que en su momento me hizo reflexionar bastante, y que refleja de manera muy visual la progresión a la que estamos siendo sometidos. Se trata de la que publicó en marzo de 2013 el programa de televisión americano Today Show en su cuenta de Instagram[56], durante la proclamación del nuevo papa y que voy a reproducir aquí:

---

[56] http://j.mp/1RskrlY - TODAY on Instagram: "How the world has changed: St. Peter's Square in 2005 and 2013".

En 2005 no existían los *smartphones* como ahora los conocemos (ni mucho menos *tablets*), la conectividad no era ubicua como ahora, Facebook o Twitter ni siquiera se estaban gestando, y si propusieras a alguien la idea de poder recorrer las calles de cualquier ciudad del mundo desde la comodidad de tu sofá te tacharían de majadero...

Parece que fue ayer, pero en un puñado de años y sin apenas darnos cuenta decenas de innovaciones que han cambiado la sociedad se han instaurado en nuestras vidas sin posibilidad de retorno. Y si nos trasladamos a hace 15 o 20 años y pensamos en tecnologías que ahora damos por sentadas, entonces nos parecerían verdadera ciencia-ficción. No tenemos coches voladores todavía, pero sí algunos avances que hace muy poco parecerían increíbles.

Y no, en modo alguno estoy comparando la influencia de la imprenta con la de los móviles (que la mayoría de la gente usa para juegos tontos y decir chorradas por mensajería instantánea con los amigos). Lo que quiero transmitir es que la revolución digital y todo lo que la rodea está evolucionando según un proceso exponencial. Y como (creo que) dejé claro con el ejemplo del lago y los nenúfares, sus efectos son realmente difíciles de prever.

Ray Kurzweil[57] acuñó la frase "estar en la segunda mitad del tablero de ajedrez" haciendo una analogía con el relato del tablero de ajedrez que mencioné también al principio. Con ella señala el punto en el que la evolución tecnológica llegará a un nivel de progresión en el que las innovaciones se acelerarán tanto que serán casi instantáneas. Los cambios para entonces producirán también de manera muy rápida todo tipo de efectos sobre la sociedad, el planeta e incluso el ser humano. Su teoría tiene acérrimos defensores y detractores feroces. Y como hace 20 años suenan también ahora a ciencia-ficción irrealizable.

No voy a entrar aquí a comentar la verosimilitud o no de sus predicciones, pero lo cierto es que cada dos años se dobla la capacidad de cómputo de los dispositivos electrónicos, según la Ley de Moore. Ésta lleva cumpliéndose décadas. Aunque los límites físicos de miniaturización harán que la actual tecnología

---

[57] http://j.mp/1SGeTUa - Ray Kurzweil - Wikipedia

no pueda conseguir esos progresos, existen otras tecnologías alternativas prometedoras que con toda probabilidad harán que se siga cumpliendo durante mucho más tiempo.

Aunque seamos conservadores y asumamos que desde que se realiza un avance técnico significativo hasta que es absorbido por la sociedad pasa un tiempo prudencial (otra cosa es interiorizarlo y asimilarlo de verdad, como ya hemos visto), y que el periodo de duplicación de la progresión no es por tanto de dos años sino mayor: ¿Cuánto tardaremos en llegar a un punto en el que los efectos de las innovaciones sobre la sociedad tengan un impacto tan grande que realmente la cambien para siempre de manera irreversible?

Ya está pasando, sólo que a un ritmo todavía contenido. Pero los cambios tecnológicos están trayendo ya hoy en día cambios sociales que nos deberían interesar mucho a todos. Por la cuenta que nos trae.

A mí en particular me interesa mucho la influencia que tiene la tecnología -y sobre todo la que en unas décadas puede llegar a tener- en la organización del trabajo y en el futuro de la sociedad trabajadora. Y ya está siendo mucho más de la que pueda parecer a simple vista. Vamos a comentarlo un poco más en detalle a continuación.

CAPÍTULO 19

EL FUTURO DEL TRABAJO: INNOVACIÓN EXPONENCIAL Y POLARIZACIÓN

Las primeras máquinas durante la revolución industrial sustituyeron a la pura fuerza bruta. Permitieron eliminar el trabajo animal, contribuyeron a la desaparición del esclavismo, y movilizaron el trabajo desde el campo a las ciudades. Con el tiempo, el efecto de esta revolución sobre el modelo de trabajo tradicional fue devastador, pero las personas que se supieron reconvertir tenían nuevos trabajos, antes inexistentes, que les estaban esperando en las fábricas de las ciudades.

Con la llegada del motor de explosión primero, la electricidad después y más tarde los albores de la electrónica (que trajeron la automatización), los efectos sobre el mercado de trabajo volvieron a ser enormes. Esta vez eran los puestos en las fábricas los que estaban amenazados, destruyéndose en gran parte esa capa de la sociedad trabajadora. Hubo sectores enteros en los que el trabajo humano desapareció, como por ejemplo la recogida del algodón que pasó de estar automatizada en un 6% en 1949 a estarlo al 100% en 1972. Desde entonces millones de robots han sustituido a un número mucho mayor de trabajadores en las cadenas de producción.

En la actualidad estamos inmersos en una nueva revolución industrial. En ella, como he venido explicando, la innovación tecnológica se produce siguiendo un proceso exponencial, lo cual significa que es muy rápida y es extremadamente difícil prever a dónde nos conduce. Los efectos sobre el mundo y la economía de este tipo de procesos comienzan de manera suave, siendo muy fácil confundirlos con procesos lineales. Sin embargo llega un punto en el que la velocidad de innovación aumenta de tal manera que los efectos de cada nuevo salto se amplifican mucho respecto al estadio anterior. Es cuando hablamos de que nos encontramos en la segunda mitad del tablero de ajedrez, en la que las cosas empiezan a ponerse interesantes y las innovaciones se suceden a un ritmo elevadísimo. Dichas innovaciones no solo influyen en procesos o áreas concretas, sino que penetran en toda la sociedad y la transforman de manera profunda. Suelen comenzar por el mercado laboral.

Algunos ejemplos me parecen muy reveladores para vislumbrar hacia donde nos dirigimos.

La empresa Rethink Robotics[58] de Boston, ha diseñado un robot de precio asequible llamado Baxter que permite a cualquier PYME construir su propia línea de producción altamente automatizada. No son necesarios conocimientos de automatización industrial (se interacciona con el robot para indicarle qué movimientos debe hacer) y es posible cambiar por completo lo que se fabrica en un tiempo mínimo. A medida que penetren, este tipo de desarrollos impactarán a los ingenieros de automatización, directores de producción y demás puestos técnicos hasta ahora considerados "a salvo".

[58] http://www.rethinkrobotics.com/

Las impresoras 3D a precios asequibles amenazan seriamente la supervivencia de multitud de negocios basados en la fabricación barata de componentes, tanto para empresas como para particulares. En el caso de las empresas los beneficios son claros a la hora de crear elementos no seriados, consiguiendo independencia de proveedores, rapidez, ahorro de costes, ahorro de material (las piezas se generan por aportación de material, no por retirada, pudiendo evitarse el uso de hasta un 80% de materia prima). Esto amenaza seriamente a los talleres de mecanizado tradicionales y a puestos especializados dentro de éstas. ¿Y qué decir del ámbito particular? Pues que muchos objetos sencillos de uso cotidiano podrás -casi literalmente- descargártelos de Internet y generarlos en casa en minutos. Adiós a líneas enteras de producción en unos años. El impacto social de esto además es difícil de prever. Por ejemplo, ya hace tiempo que es posible descargar planos de piezas para impresora 3D que te permiten construir una pistola funcional en tu casa, capaz de disparar balas de verdad. ¿Qué impacto puede tener esto en la seguridad? ¿Y para los países que viven bajo dictaduras?. Y es solo el comienzo en esta área. Todo el mundo de la fabricación se está transformando.

Uno de mis ejemplos favoritos, que demuestra hasta qué punto la computación puede transformar el mundo, es la demostración pública de traducción automática que hizo a finales de 2012 el jefe de investigación de Microsoft Research, Rick Rashid. Durante un evento en China, un prototipo de software transcribió a texto sus palabras en inglés traduciéndolas a chino casi instantáneamente y luego, con una demora de unos pocos segundos, las pronunció en chino ¡usando su propia voz!. Fue asombroso[59].

Esta tecnología es todavía incipiente a pesar de que han pasado ya algunos años de aquello. Según el propio Rashid su tasa de error en la traducción es del 7% (la de un traductor humano medio oscila entre el 2 y el 4%), le cuesta distinguir el significado contextual de muchas frases y tiene algunas otras dificultades. Pero es sencillamente impresionante y sin duda va a mejorar en los próximos años. Cuando nuestro móvil (o lo que tengamos entonces) traduzca en tiempo real lo que decimos al idioma que queramos usando nuestra propia voz, ¿qué impacto puede tener esto sobre la sociedad?. Inimaginable[60]. La maldición divina de la torre de Babel se habrá destruido. En cuanto al mercado laboral: lo siento amigos traductores y profesores de idiomas pero tenéis los días contados a medio plazo. Pero no solo vosotros. Y créeme que yo soy el primero en sentirlo: todo el tremendo esfuerzo desde niño para hablar bien inglés se convertirá en una *commodity* al alcance de cualquiera, y adiós a mi (cada vez menor) ventaja competitiva ;-)

Polarización del mercado laboral

Antes de la revolución de la información en la que nos encontramos, la separación del trabajo estaba muy clara: las maquinas

[59] http://j.mp/1OiWcAC - Speech Recognition Breakthrough for the Spoken, Translated Word – YouTube. Todo el vídeo es interesante pero, si eres impaciente, la demo está hacia el final (sobre el minuto 6:50).

[60] En el CES de Enero de 2016 la empresa japonesa Logbar presentó a Ili, un aparato de mano capaz de traducir casi en tiempo real del inglés al japonés. No con tu propia voz, pero impresionante de verdad. Puedes verlo en acción aquí: http://j.mp/1OYkCPl.

trabajan y las personas piensan. En el futuro la distinción no será tan evidente.

Las máquinas ahora no sólo son capaces de sustituir la fuerza bruta y el trabajo mecánico fácilmente automatizable. Cada vez son mejores y tienen mayores capacidades. Sus habilidades irán capacitándolas para realizar más y más trabajos. Creo que no exagero cuando digo que llegará un punto en las próximas décadas en el que los ordenadores y los robots podrán llevar a cabo la mayoría de las tareas de un trabajador medio actual en prácticamente cualquier parcela de la industria o de los servicios.

Por lo tanto, muchas capacidades humanas se convertirán en inútiles en el mercado laboral, pero al mismo tiempo otras serán más demandadas que nunca. Esto hará que la actual polarización del mercado laboral sea más pronunciada, hasta que la curva de distribución de la demanda frente a la capacitación tenga una forma de "U" muy marcada.

En un extremo estarán los trabajos que requieren poca capacitación pero más interacción personal y coordinación física, donde la capacidad humana es insustituible por el momento. Es muy difícil reemplazar, por ejemplo, a un peluquero, a un recepcionista o a un cuidador de personas mayores. Existen dos motivos principales.

El primero tiene que ver con la paradoja de *Moravec*[61] que nos dice que, al contrario de lo que parece, el razonamiento de alto

---

[61] http://j.mp/1UFmh0A - Moravec's paradox - Wikipedia

nivel requiere poco poder computacional, mientras que las capacidades sensoriales y motrices aparentemente sencillas requieren cantidades ingentes de capacidad de cómputo.

El segundo tiene que ver con la existencia de un efecto psicológico denominado "uncanny valley"[62] que nos hace rechazar a réplicas humanoides que son casi perfectas pero no llegan a serlo del todo.

En el otro extremo se encuentran los puestos de alta capacitación que requieren grandes dosis de conocimiento, razonamiento abstracto, creatividad y pensamiento lateral, que como hasta ahora seguirán siendo demandados y bien pagados, pero que pocas personas pueden desempeñar bien. En este lado de la gráfica tendrán todavía más peso incluso, aquellas personas que no sólo posean estas capacidades, sino que además sean capaces de combinarlas con cualidades personales y con un uso adecuado de la tecnología. La combinación de una alta cualificación con el uso hábil de herramientas tecnológicas que todavía la potencien más será lo que más marque la diferencia.

Lamentablemente en el medio de ambos extremos existirá un valle de desempleo y trabajos precarios que ya es ancho actualmente, y que cada vez lo será más debido a los efectos de la tecnología que hemos visto. Muchas personas con estudios medios y superiores están dentro de este valle, pero todavía no son conscientes de ello.

---

62 http://j.mp/11Wg3c0 - Uncanny valley - Wikipedia

Qué nos depara el futuro

En cada revolución anterior se produjeron efectos laborales y sociales muy negativos en primera instancia. Sin embargo a largo plazo la transformación derivó en mejoras sustanciales de desarrollo social y estatus de vida, así como en la aparición de nuevos puestos de trabajo y especializaciones antes inexistentes.

Lo de ahora no debería ser una excepción, aunque tenga implicaciones negativas a corto plazo y conlleve cambios sociales a largo plazo.

En el próximo capítulo vamos a analizar la tendencia imparable hacia una nueva generación de artesanos del conocimiento. Además se están creando constantemente nuevos nichos de actividad y nuevas disciplinas de trabajo que no existían hace tan solo unos pocos años.

Un ejemplo de lo primero es una industria como la del *smartphone*, que creó millones de puestos de trabajo globalmente cada año, y no solo en fabricación y venta, sino en marketing, desarrollo de aplicaciones, formación, usabilidad...

En cuanto a lo segundo existen muchos ejemplos con un claro sesgo hacia el sector tecnológico, pero también en otros ámbitos. Algunos puestos muy demandados actualmente y que no existían hace pocos años podrían ser los siguientes: experto en usabilidad e interacción, especialista en SEO, Social Media Manager, experto en Cloud Computing, tele-tutor, dinamizador de elearning, coordinador de equipos de teletrabajo, experto en sostenibilidad energética, auditor energético, consultor educacional (muy de moda en EEUU), coordinador de servicios a personas mayores...

Otra posibilidad cada vez más plausible es, simplemente, que haya mucha gente que no trabaje o que la mayoría trabajemos la mitad de tiempo. Si la productividad aumenta mucho, la mayor parte del trabajo lo pueden hacer las máquinas y el estado de bienestar cubre las necesidades básicas de la población, es posible un escenario en el que la gente disponga de mucho tiempo ocioso. Aunque cueste imaginarlo con nuestro esquema mental actual. Esta sería una interesante posibilidad para investigar por todas las implicaciones sociales que tendría, y por la inquietante posibilidad de que se crearan al menos dos niveles de sociedad distintos en los países desarrollados, una especie de primer y segundo mundo, con diferencias mucho más profundas que ahora entre los países más avanzados y los de segunda fila. Pero eso sería merecedor de libro propio.

En resumen, los dos extremos del espectro de capacitación son los que se llevarán los puestos de trabajo disponibles. Procuremos posicionarnos en uno de los dos, así como combinar nuestra capacitación y habilidades naturales con una buena actitud personal y un uso adecuado de la tecnología que los potencie.

CAPÍTULO 20

ARTESANOS DEL CONOCIMIENTO

En la actualidad estamos viviendo la culminación de una era y el comienzo de otra. Esta nueva era en los países industrializados se basará en el conocimiento, y estará marcada por crisis del consumo y la escasez de energía y de agua.

El paro en todo el mundo está creciendo a un ritmo muy alto. La mayor tecnificación de los procesos conlleva inevitablemente la reducción del número de puestos de trabajo tradicionales. No es que se cierren fábricas y se lleve la producción a países emergentes: simplemente desaparecen por no ser necesarios o carecer de sentido económico. Ya en 1995 Jeremy Rifkin[63] predijo esta situación en su libro "El fin del trabajo. El declive de la fuerza del trabajo global y el nacimiento de la era post-mercado"[64].

Este tipo de cambios en las fuerzas económicas obligan a la sociedad irremisiblemente a ir en cierta dirección. Por ejemplo, el propio Rifkin describe como la primera revolución industrial, a mediados del siglo XVIII, forzó la alfabetización de las masas. Para ser operarios eficientes de las máquinas se necesitaba que millones de personas salidas de la agricultura aprendieran a leer

---

[63] http://j.mp/1ZkXju0 - Jeremy Rifkin - Wikipedia
[64] http://amzn.to/1nbyLCt - El Fin Del Trabajo - Amazon.es

y escribir para transformarse en buenos operarios. Fue esto y no la ilustración lo que impulsó este cambio fundamental.

Es indudable que ahora mismo nos encontramos inmersos en un entorno que ha cambiado de manera profunda, tanto cultural como tecnológica y económicamente. No me refiero sólo a los últimos 5 o 7 años, sino a un periodo más largo de más de 20 años que comenzó en los 90 y nos ha conducido al punto actual. Y este entorno nos está impulsando entre otras cosas hacia un cambio profundo en la forma de entender el trabajo.

¿Cómo puedo encontrar trabajo?

Esta es la pregunta del millón. En el momento de escribir esto, la tasa de paro en España supera el 20%, siendo más del doble en el caso de los jóvenes. Por mucho que un nuevo gobierno cambie algunas leyes, "flexibilice" el mercado laboral, etc... No hay ninguna receta mágica que pueda acabar con esta situación de la noche a la mañana, en unos pocos meses o años.

Lo que se necesita es un cambio de mentalidad en la sociedad.

Trabajadores no cualificados

En primer lugar están las personas sin formación ni especialización de tipo alguno. Básicamente están condenadas a pasarlo mal. La gran mayoría de los puestos de trabajo no especializados, repetitivos y por tanto automatizables, están condenados a desaparecer. De hecho es un proceso que se está llevando a cabo a marchas forzadas desde hace medio siglo.

Por ejemplo, según datos del documental Zeitgeist[65], en 1949 sólo un 6% de la cosecha de algodón se hacía con máquinas. En 1972, poco más de 20 años después, el 100% ya era automática. Todos esos puestos de trabajo no especializados desaparecieron. La industria del acero de EEUU pasó de producir 77 millones de toneladas en 1982 a 120 millones en 2002. Al mismo tiempo el número de operarios pasó de 289.000 a tan solo 74.000. Es decir, con el 25% de los operarios se produce casi el doble. La tendencia es imparable.

Muchos de estos trabajadores podrán recolocarse en el sector servicios, sobre todo en el ocio y hostelería y también en la prestación de servicios cotidianos para otro tipo de trabajadores (fontaneros, técnicos de comunicaciones...), pero otros muchos se verán abocados al paro casi permanente.

No es la primera vez que ocurre una destrucción masiva de trabajos comunes ni será la última. En las dos revoluciones industriales anteriores ya ocurrió (con el vapor, el motor de explosión o la electricidad) y parecía el fin del mundo. Pero no lo fue, aunque una generación al menos lo pasó muy mal hasta que la sociedad se adaptó.

Trabajadores cualificados no especializados

Se necesitarán todavía durante un tiempo trabajadores cualificados. Serán los nuevos operarios, solo que en lugar de máquinas operarán ordenadores y aplicarán conocimientos técnicos estandarizados. Los salarios no serán altos y la mayoría de los puestos estarán bastante por debajo del teórico nivel de

[65] http://zeitgeistmovie.com/

estudios que posee el trabajador. Será la nueva clase obrera de Marx.

Pero incluso estos puestos serán ocupados por máquinas en el largo plazo. Los más osados llegan a decir que hasta los cirujanos serán sustituidos por sistemas súper-especializados en la mayoría de las operaciones comunes "fácilmente" automatizables o en los diagnósticos cotidianos.

Además en esta nueva realidad económica las empresas querrán cada vez disponer de menos trabajadores en plantilla de manera permanente. Únicamente los puestos necesarios, los clave y aquellos menos "estandarizables", que aporten valor añadido a la empresa.

Me temo que existe un porcentaje importante de la actual generación de jóvenes universitarios que probablemente no va a trabajar nunca o durante poco tiempo. Es así de duro.

Trabajadores cualificados y especializados - Los nuevos artesanos

Y esto me lleva al punto más importante de lo que quería explicar.

Hace unos años nos decían que se había acabado aquello de "la empresa para toda la vida". Eso que muchos de nuestros padres vivieron -entrar en una empresa siendo casi unos niños y jubilarse en ésta- ya no existe. Nos "vendían" que esto era así porque los jóvenes profesionales cualificados ya no se querían comprometer. Y es cierto. Pero no es menos cierto que las propias empresas no desean tampoco "trabajadores para toda la vida".

La desaparición de los puestos de trabajo tradicionales, de jornada de 8 horas en un puesto fijo, nos está llevando poco a poco hacia una nueva casta de profesionales que ofrecen sus servicios especializados a las empresas. Estamos hablando de personas con conocimientos formales y experiencia que permiten a las empresas disponer de sus servicios bajo demanda, en función de las necesidades de cada momento.

Podríamos hacer una analogía entre éstos y los antiguos artesanos, sólo que en lugar de modelar el barro o tallar la madera trabajan con la mente y la tecnología.

Esta tendencia se verá reforzada por las leyes de "apoyo al emprendedor y las micro-PYME" que se han gestado tras la crisis en todo el mundo desarrollado. En mi opinión éstas son una forma por parte de los gobiernos de desentenderse de una gran parte de los trabajadores. Lo que nos están diciendo en realidad es que los paradigmas económicos habituales han dejado de funcionar, así que tendrás que buscarte la vida (nunca mejor dicho) para generar tu propia economía.

¿Te parece que exagero? Pues piensa lo siguiente con detenimiento y mente abierta: si eres un trabajador de cuello blanco en el paro aspirando a un puesto de cierta responsabilidad (mando intermedio o superior) ¿qué te resultaría más fácil ahora mismo: encontrar un puesto de 40 horas a la semana en una empresa o vender tus servicios a varias empresas?.

Saca tus propias conclusiones.

Búscate la vida...

La moraleja o consejo que podemos extraer de todo esto es que si quieres asegurar un mínimo tu futuro debes formarte continuamente, especializarte y generar valor añadido.

Además muchos buenos profesionales acabarán trabajando por sí mismos, ofreciendo sus servicios a varias empresas en lugar de trabajar para una sola. Desde que empezó esta metamorfosis lenta de la sociedad con el pistoletazo de salida llamado "crisis financiera", personalmente ya he visto muchos (pero muchos) casos a mí alrededor. Parece algo imparable.

Y no confíes en las medidas que proponga cualquier gobierno para volver a la organización del trabajo tradicional: las leyes de apoyo a emprendedores son su forma de lavarse las manos frente a su incapacidad de hacer volver ese modelo.

Así que pregúntate qué tienes que ofrecer que se pueda vender por horas, que no sea puramente operativo (o sea, del día día) ni replicable, y que una empresa quiera pagar porque le es necesario o le va a aportar valor. Búscalo, aprende a explotarlo y te asegurarás un futuro.

Si tienes que buscar trabajo, en lugar de enviar currículos y esperar a que te llamen para una entrevista y un puesto de 8 horas en una empresa, piensa si tu experiencia y aptitudes pueden ser empaquetadas como un producto. Al igual que si fueras una empresa, envuélvelo con un bonito lazo e intenta venderlo, conseguir unos cuantos clientes. Piensa más en clientes que en empleadores y tendrás más oportunidades.

Y una vez que se acostumbren veremos que para muchos será la mejor decisión que han tomado.

¡Ah! y cuando empieces hazte un buen seguro por si caes enfermo, pues el *freelance* cuando no trabaja no cobra. Son nuevos tiempos más inseguros.

Nadie ha dicho que esto sea justo o que vaya a ser fácil. Pero nos guste o no el mundo va a ir por ahí con una alta probabilidad.

CAPÍTULO 21

TEORÍAS

Si vamos al diccionario de la RAE y buscamos la palabra Teoría[66] obtenemos las siguientes definiciones:

1. f. Conocimiento especulativo considerado con independencia de toda aplicación.
2. f. Serie de las leyes que sirven para relacionar determinado orden de fenómenos.
3. f. Hipótesis cuyas consecuencias se aplican a toda una ciencia o a parte muy importante de ella.

Si lo llevamos al terreno práctico, la definición que usa mucha gente es la primera, y la definición que utiliza la Ciencia sería cualquiera de las otras dos.

Es decir, para muchas personas una teoría es simplemente una conjetura, un conjunto de suposiciones para explicar algo que no necesariamente tienen que estar sustentado en nada. Sin embargo para la ciencia una teoría es una explicación sobre algún

---

[66] http://dle.rae.es/?id=ZVMWXKy

fenómeno, razonada y bien sustentada, que se ha obtenido mediante el método científico[67] y que se ha confirmado una y otra vez a través de la experimentación y la observación.

Son cuestiones muy diferentes. Parafraseando a Karl Popper[68]:

> *"No importa cuántos ejemplos de cisnes blancos hayamos podido observar, esto no justifica la conclusión de que todos los cisnes son blancos"*

Creo que esta famosa frase ilustra muy bien la distinción que quiero hacer entre las dos acepciones de la palabra "teoría".

Y digo todo esto porque en el mundo que nos ha tocado vivir, a pesar de que la ciencia y el conocimiento están más al alcance de todos que nunca, sigue existiendo mucha gente que parece confundir un concepto con el otro, y usa esta confusión para intentar que sus absurdas ideas (o intereses espurios) se equiparen a la ciencia.

Cuando alguien dice: "La teoría de la evolución es eso, solo una teoría, válida como otra cualquiera", en realidad no entiende en absoluto el significado de la palabra "teoría" en el ámbito de la ciencia. Está equiparando una teoría científica a una suposición, a un pálpito, cuando no es así ni remotamente.

De este modo, por seguir con el mismo ejemplo, la teoría de la evolución está basada en el método científico y existen miles de pruebas de su validez siguiendo métodos de anatomía comparada, bioquímica, biología molecular, datación con

[67] http://j.mp/1PPiUTD - Método científico - Wikipedia
[68] http://j.mp/1RsfBFp - Karl Popper - Wikipedia

radioisótopos y, por supuesto, paleontología. Lo que es más, se ha comprobado en la práctica con experimentos sobre especies de reproducción y generación rápida. Sin embargo no existe ni una sola prueba o indicio sobre el creacionismo o el "diseño inteligente", que es algo totalmente inventado.

¿Quiere decir esto que la teoría de la evolución es cien por cien válida? En absoluto, pero es una teoría que funciona y tiene base científica.

Esto es precisamente lo bueno de la ciencia: que sus premisas se basan en la "falsabilidad" o "refutabilidad", o lo que es lo mismo, en la posibilidad de que una teoría posterior pueda demostrar que la teoría existente sea incorrecta, total o parcialmente. Eso sí, esto no quiere decir que cualquier indocumentado, sin entender verdaderamente de lo que habla, pueda refutarlo[69].

Por ejemplo, la Ley gravitacional de Newton es una teoría científica que se ha demostrado que no es válida siempre. La teoría de la relatividad de Einstein y la mecánica cuántica han señalado que es una teoría incompleta (aunque se le llame "Ley"), pero eso no impide que siga siendo válida en la vida cotidiana e incluso que siga sirviendo para enviar vehículos tripulados a marte.

Es decir, la ciencia busca constantemente que nuevas observaciones o nuevos avances la refuten, la corrijan o la mejoren. Por el contrario, las pseudo-ciencias o las creencias arbitrarias no

---

[69] http://j.mp/1SGa0KP - 9 Scientific Facts Prove the "Theory of Evolution" is False - Humans Are Free. Te va a doler hasta el cerebro al leer esto.

están abiertas a ningún tipo de refutación y, generalmente, tampoco dan pruebas de ninguna clase sobre su validez. Eso sí, tergiversan y malinterpretan la propia ciencia para tratar de demostrar, no sus afirmaciones, sino que las teorías científicas no son válidas. Y suelen usar la primera definición de "Teoría" para equiparar una cosa inventada con una hipótesis científica.

Los científicos son los que deben defender todo el tiempo sus teorías, mientras que otras ideas locas, como se basan en la fe, no necesitan de pruebas. Como decimos en mi tierra: ¡Manda carallo!.

Así que cuando alguien te diga que la teoría del Big Bang, el cambio climático o la Selección Natural son eso, solo teorías, ya sabes qué decirle...

No se puede permitir que los "magufos" y demás iluminados usen sus técnicas habituales[70]. Y para ello lo primero es empezar por conocer bien el significado de la palabra "Teoría" cuando se refiere a la ciencia.

[70] http://j.mp/1TLQhHO - "¿Defiendes las pseudociencias? Sigue este manual magufo", por C. Otto en Hipertextual.

CAPÍTULO 22

LAS VACUNAS DE TUS HIJOS NO SON UNA DECISIÓN PERSONAL

Me considero una persona racional y positivista[71] sin llegar a extremos. No obstante respeto las creencias místicas y metafísicas de los demás cuando se refieren a la teleología[72], al fin último de las cosas y el sentido de la vida, mientras éstas respeten la libertad de otros. Lo que no puedo respetar son las creencias en supercherías sin sentido como por ejemplo la homeopatía, los *chemtrails*[73] o los "no-vacuno-a-mis-hijos-porque-las-vacunas-son-un-complot-de-las-farmacéuticas" entre otras tonterías infundadas de *conspiranoicos*.

Y es que parece que, cuanta más información y conocimiento tenemos a nuestra disposición, una parte de la sociedad los rechaza y adopta posturas reaccionarias y, lo que es peor, peligrosas.

Y es que en el caso concreto de lo de las vacunas, que se extienda la opinión de que no se deben aplicar es un grave problema, y no solo para los pobres chavales cuyos descerebrados padres no se las proporcionan, sino para la sociedad en su

---

[71] http://j.mp/1kVzE0k - Positivismo - Wikipedia
[72] http://j.mp/1kVzJ3W - Teleología - Wikipedia
[73] http://j.mp/1kVzZA5 - Teoría de la conspiración de las estelas químicas - Wikipedia

conjunto. De hecho, el problema podría ser tan grave que creo que no se debería dar la opción a ningún padre de tomar esa decisión por sí mismo, y debería ser obligatorio.

Sé que suena duro decirlo, pero hay buenas razones para ello.

En primer lugar, la negativa no se puede sustentar siquiera en creencias religiosas, ya que ninguna religión realmente rechaza las vacunas[74]. En segundo lugar, y más importante, existe un motivo de interés general, basado en las matemáticas, que paso a explicar a continuación...

Tipping Points

En un modelo no-lineal, un "Tipping Point" es el valor de una de las variables en torno al cual cualquier variación por pequeña que sea, a un lado o al otro del mismo, produce un cambio total en el resultado del modelo. En palabras más sencillas, aunque menos exactas, un *tipping point* es un valor que, una vez superado, podemos tener la seguridad de que el proceso que estudiamos se va a desarrollar de una determinada manera.

Existen multitud de modelos matemáticos no-lineales de este estilo que explican todo tipo de fenómenos naturales: la progresión de un fuego en un bosque, la diseminación de un rumor o una noticia en una sociedad, el comportamiento del mercado inmobiliario, la probabilidad en función de la edad de tener hijos con síndrome de Down o, lo que me importa para el tema de hoy, la difusión de una enfermedad contagiosa en un grupo.

---

[74] http://j.mp/1mLiILZ - Religious Views of Vaccination At-A-Glance PDF (593 KB) – Resumen de visiones sobre las vacunas de diferentes religiones recopilado por el programa Vaccinate Your Baby de la fundación ECBT en EEUU.

> ***Nota**: A falta de una traducción mejor seguiré usando Tipping Point o TP en el resto del texto. No conozco una palabra mejor en español para este concepto, aunque a veces se utiliza "punto de inflexión", que se parece conceptualmente pero no es lo mismo, y además es un término que se utiliza demasiado alegremente en la prensa para describir cambios que realmente no son no-lineales, sino simplemente exponenciales.*

Así, por ejemplo, existe una determinada densidad de árboles en un bosque (concretamente el 59,27%) a partir de la cual, cualquier pequeño aumento en la misma hace que el fuego pueda atravesar el bosque completo, mientras que si está por debajo el incendio tiene un impacto pequeño. El cambio es enorme con tan solo una pequeña variación alrededor de este valor (que es el TP del sistema). Con una densidad del 58% probablemente el incendio tenga un impacto pequeño, pero con un 60% escaso su avance suponga ya un problema grave. Superar ese *tipping point* tiene un efecto enorme ya que, como digo, no son sistemas lineales.

Modelos de contagio infeccioso

Otro sistema que funciona de manera no-lineal es el mecanismo de contagio de una enfermedad. El modelo es bastante sencillo en realidad (puedes leer una explicación incluso en la Wikipedia[75]), pero para abreviar diré que existe un valor conocido como Ratio básico de contagio[76] o R0, que indica básicamente el promedio de infecciones que genera entre la población sana

---

[75] http://j.mp/1kVB3nG - Epidemic model - Wikipedia
[76] http://j.mp/1RB2K1P - Basic reproduction number - Wikipedia

cada infectado de la enfermedad. Este valor depende de tres variables:

- La tasa de transmisión de la enfermedad, es decir, lo contagiosa que sea la enfermedad en sí misma.
- La probabilidad de contacto con otras personas.
- La tasa de curaciones de la enfermedad, ya que muchas, como el sarampión, una vez que las pasas estás inmunizado, y en eso precisamente se basan las vacunas.

Las enfermedades poco contagiosas tienen valores muy pequeños para este ratio. Si es inferior a 1 su impacto no existe y no se transmite en una población. Por el contrario muchas enfermedades conocidas tienen valores muy altos de R0. Así, por ejemplo, el sarampión tiene un valor aproximado de 18, las paperas de 7 y la gripe común de 3, lo cual nos da una idea de su grado de peligrosidad en cuanto a constituir una epidemia.

Obviamente se puede variar este valor jugando con alguna de las dos variables que están bajo nuestro control: la probabilidad de contacto, o sea, aislar a los enfermos, y la tasa de curaciones, o sea, la vacunación.

Lo interesante del modelo de contagio es que te permite calcular fácilmente qué porcentaje de la población sería necesario vacunar para que una enfermedad contagiosa se extienda o no. De las mismas fórmulas se deriva que el porcentaje de población a vacunar para que una enfermedad no se extienda debería ser siempre mayor a 1-1/R0.

Es decir, en el caso del sarampión esto significa que se debería vacunar a 1-1/18 = 17/18 = 94,44% de la población. Si se trata de las paperas llegaría con vacunar al 1-1/7 = 6/7 = 85,71%. Y en el caso de la gripe común sería tan solo aproximadamente el 1-1/3 = 2/3 = 66,67% de la población.

Lo importante de estos resultados es que esos valores constituyen *tipping points*. Es decir, si se superan aunque sea por poco se puede asegurar que no va a haber una epidemia. Sin embargo si no se alcanzan aunque sea por muy poco, tenemos casi la completa seguridad de que se producirá una epidemia.

Por eso es tan importante que la gente se vacune, y no es una decisión personal. Sería una decisión personal si solo te afectara a ti, o en este caso a tus hijos, aunque esto último sería discutible desde el punto de vista ético e incluso penal. Pero si no se llega al *tipping point* el problema se convierte instantáneamente en un problema para toda la población.

Insisto porque es muy importante: se trata de un *tipping point*, es decir, es un todo/nada: si no se llega a esos valores el resultado es catastrófico. No es una función lineal.

Por ello, dependiendo de la enfermedad que consideremos, sería suficiente con que un hubiese un porcentaje pequeño de *conspiranoicos* que decidiesen no vacunar a sus hijos para provocar una epidemia. Por ejemplo, en el caso del sarampión con poco más del 5%. En el caso de otras enfermedades hay un margen mayor, pero si no vacunan de una a sus pequeños, tampoco los vacunarán de otras así que habría que ponerse en el peor de los casos.

Por ello, hay que ser responsables y vacunar a los críos. Imponiéndolo legalmente si es necesario, del mismo modo que se impone que haya que escolarizarlos, por ejemplo, lo cual no entra tampoco en la potestad de los padres.

CAPÍTULO 23

LA PARADOJA DE LA DESTREZA

Como era de esperar de un buen "geek" (de manual) no soy aficionado al fútbol. No obstante debido a la presión mediática es inevitable que esté (más o menos) al tanto de las evoluciones de nuestra selección nacional o de los principales equipos de la primera división. Dejando de lado la psicología que hay tras el soporte fanático de equipos deportivos (un tema interesante que tiene que ver con la teoría de identidad social), en esta ocasión me gustaría abordar la siguiente pregunta: ¿los equipos ganan porque realmente son los mejores o es una cuestión de suerte?.

La cuestión tiene más trasfondo del que pueda parecer a primera vista, con derivaciones a otros campos menos prosaicos, como la economía, el desempeño de los equipos de trabajo o las inversiones en bolsa.

Todo resultado de un juego, individual o de equipo, se puede expresar como una función de dos parámetros: destreza y suerte. Así, existen juegos como el ajedrez que son pura habilidad, y en el otro extremo del espectro están los que son pura suerte, dentro de los que se encuentran la ruleta, el parchís, el piedra-papel-tijera o mi variante favorita de éste: piedra-papel-tijera-lagarto-spock[77] que elimina la posibilidad de que haya empate ;-).

Es útil visualizarlo ubicando los diferentes juegos (o actividades de cualquier índole) dentro de un continuo que va desde la pura destreza hasta la pura suerte. Un estudio realizado por la empresa de inversiones Legg Mason Capital Management (actualmente adquirida por ClearBridge) lo hizo con los principales deportes y juegos de masas, obteniendo la siguiente gráfica:

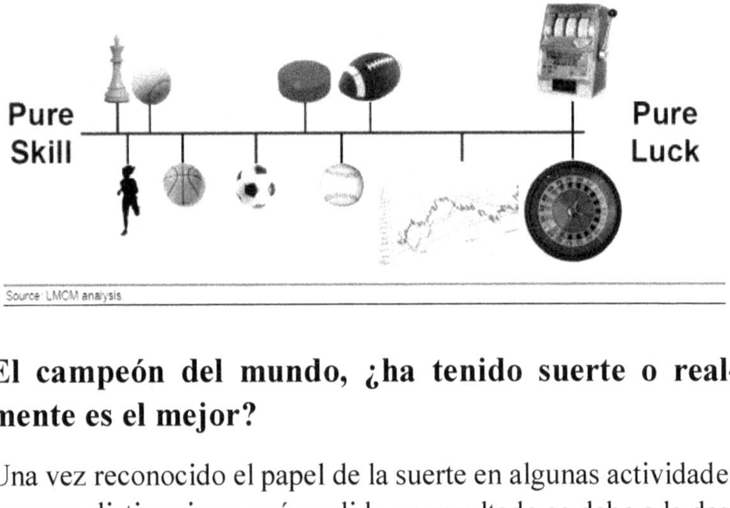

El campeón del mundo, ¿ha tenido suerte o realmente es el mejor?

Una vez reconocido el papel de la suerte en algunas actividades hay que distinguir en qué medida un resultado se debe a la destreza o al azar.

En ciertas ocasiones la habilidad de un equipo es tan superior a la de otro que la suerte poco puede influir. Consideremos este ejemplo en el que tenemos tres equipos de fútbol (un deporte

[77] http://bit.ly/1mxkqQd - Rock-paper-scissors - Wikipedia, the free encyclopedia

influido moderadamente por la suerte) con capacidades muy dispares que se van a enfrentar entre sí:

Equipo	Destreza	Suerte	Resultado
A	60	6	66
B	50	5	55
C	40	9	49

Las dos primeras columnas reflejan respectivamente el peso de la destreza y de la suerte en el resultado. Dada la clara superioridad del primer equipo hay muy poco que los demás puedan hacer para ganarle, por mucha suerte que tengan, como se refleja en la última columna.

Sin embargo consideremos ahora tres equipos mucho más igualados en cuanto a habilidades:

Equipo	Destreza	Suerte	Resultado
A	61	6	67
B	60	5	65
C	59	9	68

Ahora la suerte sí que tiene una gran influencia y de hecho, en el ejemplo, el equipo "peor" en cuanto a pericia (los márgenes son muy estrechos en esa dimensión) es el que gana.

Esto es lo que el profesor de la Universidad de Michigan, Scott E. Page[78], denomina "La paradoja de la destreza". Y es que cuanto más parecidas son las capacidades de los contendientes en una actividad influida en cierto modo por la suerte, más determinante es el azar en el resultado final[79].

Es esta influencia de la suerte en ciertos deportes la que también los hace atractivos, puesto que de otro modo los resultados serían demasiado predecibles.

La influencia del más débil en la suerte del que gana

A estas alturas se puede pensar que el anterior modelo es muy simplista y que hay más variables que influyen sobre la victoria o la derrota en un enfrentamiento, y no solo una "destreza en general". De acuerdo, voy a eliminar la suerte de manera directa por un momento y utilizaré otro ejemplo de Scott E. Page extraído de su libro "The Difference"[80].

Supongamos cuatro equipos que, para simplificar, vamos a clasificar en función de tres dimensiones: sus habilidades para el ataque y la defensa y la capacidad de estrategia y juego en equipo:

---

[78] http://j.mp/1OCaprq - Scott E Page - University of Michigan

[79] De hecho los números anteriores son de Scott, y de hecho fue de él (como alumno suyo gracias a la "magia" de Internet) de quien aprendí toda esta teoría, estudiando los modelos de paseos aleatorios y el movimiento Browniano

[80] http://j.mp/[illegible] - The Difference: How the Power of Diversity Creates Better Groups, Firms, Schools, and Societies, ISBN: 9780691138541- Amazon.com

Equipo	Ataque	Defensa	Estrategia
A	34	38	28
B	21	36	43
C	39	23	38
D	33	34	33

Si para ganar, el vencedor debe ser superior al menos en dos de las tres dimensiones consideradas, entonces en este caso A gana a B porque es superior en ataque y defensa, B gana a C porque es superior en defensa y estrategia. Tanto A, como B como C ganan siempre a D porque son siempre superiores a éste. Pero fijémonos en un detalle importante: el equipo C le gana al A al ser superior en ataque y estrategia. Es decir, al igual que en el juego de piedra-papel-tijera, la relación entre ellos no es transitiva: que A gane a B y éste a C no quiere decir que A le gane a C, sino al contrario. Esta ausencia de transitividad es la que muchas veces se nos escapa en algunas situaciones.

Bien, es ahora cuando aparece de nuevo la paradoja de la habilidad puesto que, aún sin considerarla, la suerte vuelve a influir otra vez: si estos cuatro equipos juegan en una liguilla ¡el equipo ganador sería el que jugase el primer partido contra el equipo D!. ¡Ya no haría falta ni jugar el campeonato!. Dado que cualquiera le ganará a D y luego es un puro orden: éste sería el que ganara.

Piénsalo con detenimiento fijándote en la tabla anterior.

Por ello, en este caso si los emparejamientos se hacen aleatoriamente no ha lugar a un "somos los mejores", sino a un "somos los tipos a los que les tocó jugar con D en la primera ronda". Sólo que esto no atrae a nadie y desde luego no crea identidad social ;-)

Aunque este caso es intencionadamente sencillo es aplicable a situaciones más complejas de la vida real e ilustra un concepto muy interesante que a menudo es difícil de discernir y que tiene derivaciones idénticas a cuestiones muy dispares, no solamente los deportes.

Aplicaciones a otros ámbitos

Tener clara la influencia relativa de la suerte frente a la pura capacidad es muy importante en cualquier actividad. De otro modo no podremos valorarla en su justa medida. Mi objetivo es que a partir de ahora lo puedas tener en cuenta al analizar los resultados del Mundial, el desempeño de un comercial el último año, las fluctuaciones de la bolsa o multitud de situaciones comunes en las que no nos solemos parar a pensarlo.

Michael Mauboussin, conocido autor, estratega de inversiones y profesor de la universidad de Columbia, ha estudiado a fondo el tema y ha escrito un interesante libro[81] centrado en esta cuestión nada baladí. Su fantástico artículo "Untangling Skill and Luck. How to Think About Outcomes - Past, Present, and Future"[82] profundiza en esta cuestión, y me he basado en éste (y

[81] http://amzn.to/1VyxqRL - The Success Equation: Untangling Skill and Luck in Business, Sports, and Investing: Michael J. Mauboussin. ISBN: 9781422184233 - Amazon.com
[82] http://j.mp/1mxm58u - PDF de 42 páginas en el servidor de la Universidad de Michigan.

en los modelos de Scott) para escribir este capítulo. En el artículo se tratan algunas cuestiones de gran interés más avanzadas, como las rachas y su significancia estadística, la dificultad de distinguir azar de destreza en series de datos poco representativas, o la regresión a la media y cómo aprovecharla. Altamente recomendado.

Espero que te resulte interesante, te ayude a ver ciertas cosas de otro modo y que no te haya estropeado la alegría de que tu equipo favorito haya sido el campeón ;-)

CAPÍTULO 24

ESTAR EN LA INOPIA

No, no me estoy refiriendo a nuestros dirigentes políticos, aunque podría hacerlo a la vista de lo que suelen decir y hacer. Ellos tampoco parece que se enteren de nada, pero creen que realmente saben lo que hacen.

Me refiero en realidad a la situación insostenible que vivimos por culpa de los medios de comunicación desde hace mucho tiempo. A todas horas nos bombardean con noticias alarmistas sobre la situación económica, la corrupción política, los desmanes hechos en nombre del pueblo pero en contra de éste...

Me despierto por las mañanas con la radio a las 7 en punto para enterarme de cómo va el mundo. En los últimos años la he ido cambiando de dial cada poco tiempo, abrumado por las noticias alarmistas, tendenciosas, cortas de miras y Orwellianas que emiten sistemáticamente. Todavía no encuentro una emisora que me guste (y los programas-despertador son insoportables). Los noticiarios televisivos están todos cortados por el mismo patrón, sólo cambia un poco el sesgo político. De la prensa escrita mejor no hablar: parece que vivimos en países diferentes según a quién leas, eso sí, en todos la cosa va francamente mal. Hasta en las redes sociales algunos "amigos" se dedican a inundarnos de noticias negativas.

El problema no es sólo la saturación de noticias negativas. Es el alarmismo que se les imprime, esté justificado o no. Y es un problema porque esta inundación de "mal rollo" afecta profundamente a las personas, incluso a aquellas que en realidad no tienen motivos para sentirse de esa forma. Todos andamos más angustiados, con peor carácter y se nota en general una peor predisposición para todo. Por supuesto gastamos menos aunque podamos permitírnoslo, se aprieta a los proveedores aunque realmente no sea necesario, se recortan gastos... y se crea un círculo vicioso que hace que todo aún vaya a peor.

Simular la felicidad

La psicología propioceptiva arguye que las acciones que normalmente se derivan de un sentimiento funcionan también en sentido contrario, esto es, que realizando dichas acciones podemos conseguir el sentimiento que se les asocia. Dicho de manera más llana, si estás feliz esbozas una sonrisa y, según esta rama de la psicología, si pones la misma mueca que cuando sonríes acabas por estar feliz (o al menos más feliz que antes). Y lo mismo pasa con otros sentimientos y acciones. Estas teorías están fundamentadas en estudios realizados desde finales de los años 80 hasta la actualidad, que demuestran este efecto en multitud de situaciones.

El estudio más conocido de la disciplina, "Keep smiling: Enduring effects of facial expressions and postures on emotional experience"[83], referenciado en muchos sitios, lo realizaron en 2003 Simone Schnall y James D. Laird de la universidad Clark de Worcester, EEUU. En éste se ponía a los sujetos a realizar

[83] http://j.mp/KeepSmilingStudy - DSpace - University of Cambridge

tareas aburridas y repetitivas como sumar números. A unos grupos se les pedía que al mismo tiempo sujetaran entre dientes un lápiz transversalmente pero sin tocarlo con los labios. A otros que sujetaran un lápiz de forma perpendicular con los labios pero sin tocarlo con los dientes. Esto forzaba que los primeros esbozaran, sin ser conscientes, un rictus parecido al que tenemos cuando estamos sonriendo, y los otros por el contrario se veían obligados a poner un gesto similar al del enfado (por algo se le llama coloquialmente “estar de morros”). Los del primer grupo valoraban sistemáticamente la dificultad de la tarea como más fácil de llevar, y los de la cara de enfado la consideraban difícil y tediosa.

Muchos otros experimentos muestran resultados parecidos con emociones y gestos diferentes: seguir objetos de arriba a abajo (gesto afirmativo en todas partes excepto en Bulgaria) y de lado a lado, hacer algo presionando al mismo tiempo una mesa por la parte de abajo (abrazar) o por la parte de arriba (rechazar)…

Aunque te sientas ridículo, haz la prueba de sujetar el lápiz entre los dientes: suele funcionar muy bien para sentirse mejor :-)

Un mundo ~~feliz~~ normal

La conclusión de todo esto, aunque pueda parecer evidente, es que un primer paso para sentirnos mejor, realizar tareas con mayor predisposición, o salir del maldito pozo en el que nos han metido unos cuantos, es cambiar la cara. Y para eso necesitamos la ayuda de los medios de comunicación.

Por muy buena actitud que alguien pueda tener, si por sistema se le machaca la moral con mensajes negativos, no puede mantenerla en modo alguno.

No estoy diciendo que se deba ocultar la realidad. Tampoco abogo por el proverbial soma de "Un mundo feliz" de Huxley ("Todas las ventajas de la cristiandad y el alcohol; ninguno de sus defectos"). Lo único que propongo es que nos dejen vivir algo más tranquilos. Que se den las noticias con un tono más neutro, menos alarmista, valoradas en su justa medida. Que se destaquen también las noticias positivas, que siempre las hay. Que se normalice el tono de las cosas, en resumen.

Sé que hay mucha gente pasándolo mal, con todos los miembros de la familia en el paro, sin un euro en el bolsillo o sin nada que comer. Es imposible que alguien así pueda tener buena actitud por mucho que cambien los mensajes. Pero lo que también es indudable es que los que todavía tenemos la suerte de tener un trabajo y por lo tanto podemos levantar un poco la economía gastando, a los que se nos ofrece la posibilidad de tratar de ser un poco más felices y contagiar este estado de ánimo, se nos bloquea a través de ese maldito campo de negatividad que nos rodea a todas horas.

Si se nos deja vivir un poco más tranquilos seguro que podemos poner remedio a todo esto mucho antes (aunque, como ya he dicho en otras ocasiones, hay que acostumbrarse a que las cosas no volverán a ser como fueron).

> *"Tres clases hay de ignorancia: no saber lo que debiera saberse, saber mal lo que se sabe, y saber lo que no debiera saberse." - François de la Rochefoucauld*

En los tiempos que corren es mejor vivir en la inopia, que no es otra cosa que evitar la tercera de esas ignorancias.

CAPÍTULO 25

LA PLUMA ES MÁS FUERTE QUE LA ESPADA

A principios de los años 90 del siglo pasado, cuando empezaba a estudiar la carrera, existía una enorme diferencia de expectativas laborales entre un licenciado en disciplinas de letras y uno de ciencias/ingeniería. Si estudiabas una ingeniería tenías grandes posibilidades de trabajar, mientras que un licenciado de letras lo tenía mucho más complicado. Incluso se hacían chistes crueles al respecto:

> *"¿Qué le dice un licenciado en Filosofía en paro a uno que trabaja?.... Una hamburguesa y unas patatas, por favor"*

Ha pasado casi una generación y pienso que, aun existiendo diferencias, un licenciado de letras tiene muchas más posibilidades hoy en día. Desde luego una persona con ingeniería que sea capaz de expresarse de manera sobresaliente tiene una gran ventaja, pero cada vez es más frecuente encontrar empresas que buscan licenciados en filosofía, politólogos o sociólogos entre otras carreras humanísticas. Y es que, en mi opinión, una carrera universitaria es sobre todo un vehículo para conformar nuestra estructura mental de una determinada forma. El trabajo de verdad lo aprendes luego. Lo que aportan estas carreras de letras en muchos casos es pensamiento desestructurado y creativo, en contraposición con el más "cuadriculado" de las carreras técnicas. Y eso es cada vez más necesario en las empresas modernas.

Cada vez tiene más importancia la palabra, tanto hablada como escrita, y a esto se le suma un empobrecimiento generalizado del léxico y la capacidad de comunicación formal.

Las causas de esto último las podemos encontrar en la manera predominante de consumir información hablada y escrita que tenemos en cada generación cuando somos adolescentes. En esa etapa se forman en gran medida nuestras capacidades de expresión así como nuestros intereses culturales.

Ann E. Cunningham y Keith E. Stanovich son dos profesores de la Universidad de California, Berkeley que en 1998 realizaron un interesante estudio titulado "What Reading Does for the Mind"[84]. Éste analiza la influencia de la lectura en el desarrollo de las capacidades cognitivas de los niños y adolescentes, y de cómo el "efecto San Mateo" (ver capítulo correspondiente a este efecto en este libro) se aplica a estas habilidades con el tiempo.

Se basa en unos datos muy interesantes sobre los contenidos y el léxico utilizado en los principales medios de información. En concreto, una de las medidas utilizadas fue el ratio de "palabras raras" encontradas en cada tipo de comunicación, para tratar de medir la riqueza del vocabulario al que te expone cada medio.

---

[84] http://j.mp/1SsGFTS

Se consideran "palabras raras" aquellas que no están entre las 10.000 más utilizadas en el idioma.

Estos fueron los resultados[85]:

Medio	Rango de "rareza" de la palabra más frecuente	Media de palabras raras por cada 1.000
Periódicos	1690	68,30
Comics	867	53,50
Literatura	1058	52,70
Libros infantiles/juveniles	627	30,90
Programas televisivos en Prime Time	490	22,70
Programas Televisivos para niños en Prime Time	543	20,20
Conversación entre graduados universitarios	496	17,30
Libros preescolar	578	16,30
Barrio Sésamo	413	2,00

Para empezar llama la atención lo empobrecido que es el léxico de los medios hablados frente a los escritos. Es más, una conversación normal entre adultos supuestamente cultos (universitarios) está ligeramente por encima de un libro de preescolar en cuanto a incidencia de "palabras raras" pero incluso está por debajo en el "rango de rareza" (primera columna).

Lamentablemente los datos utilizados para realizar el estudio están datados en 1988, por lo que no se han incluido medios en Internet (foros, páginas de periódicos, blogs...), ni videojuegos u otros fenómenos de consumo cultural más reciente. Echo también en falta la música y el cine. Tampoco incluyen fenómenos culturales empobrecedores como la "tele basura", que sin duda estarían muy por debajo de Barrio Sésamo. Además se refieren

[85] El "Rango de rareza" es la posición que ocupa, en el ranking de frecuencia de uso de palabras, la palabra más frecuentemente utilizada en promedio en el medio correspondiente. Todos están, como es lógico, por debajo de 10.000, por lo que no se consideran palabras "raras".

a EEUU y al idioma inglés. Ojalá alguien se anime a actualizarlo.

No obstante creo que aproximadamente lo mismo se podría destilar de datos actuales y en cualquier idioma y país occidental. Es evidente cómo pueden influir en sus capacidades los medios de consumo de información que fomentamos (o más bien, condescendemos) en nuestros niños y jóvenes. Y por supuesto en nosotros mismos.

Ponga un blog en su curriculum

Las personas que han tenido buenos hábitos de lectura desde pequeños, generalmente ofrecen una capacidad comunicativa mucho mayor y tienen más oportunidades de destacar profesionalmente en su vida adulta.

En un mundo cada vez más global, plural y multicultural, los responsables de las empresas deben convencerse de la importancia que tienen las habilidades de comunicación para el éxito de los negocios. Desde el marketing a la comunicación interna, pasando por la labor comercial, la cultura empresarial, etc... Todo ello emana de una buena capacidad de comunicar. Y más si nuestra vía de marketing y comercialización es Internet: blogs, webs, redes sociales...

En cualquier empresa -independientemente de su tamaño- es importante disponer de personas con capacidad de comunicación. Esto no significa en absoluto que se deba contratar a literatos, pero alguien con un buen desarrollo en esta área por regla general será capaz de conceptualizar mejor, será más efectivo, será más convincente, tendrá capacidad de concreción...

Además está el aporte al negocio de una visión humanista y desestructurada/creativa que comentaba antes.

Aun así es infrecuente encontrar un currículo en el que aparezca alguna referencia a las capacidades de comunicación. Es más, raro es encontrar en alguno la dirección de un blog personal, o un "pinito" en un concurso literario, por ejemplo.

Si atesoras esas capacidades comunicativas destácalo de un modo claro en tu CV. Las empresas más interesantes y con más visión sabrán valorarlo.

CAPÍTULO 26

FLUIDOS TIXOTRÓPICOS

La tixotropía es una propiedad de algunos fluidos no-newtonianos a los que, cuando se les aplican esfuerzos cortantes, modifican su viscosidad haciéndose más fluidos. En palabras más simples, un fluido tixotrópico es aquel que en condiciones normales es viscoso (incluso sólido) pero que se vuelve líquido al agitarlo con más o menos fuerza.

Existen bastantes ejemplos de este tipo de fluidos: la melaza, la pintura, el yogur, el kétchup, la mayoría de las tintas para imprenta... Incluso el cuerpo humano contiene varios tipos de éstos: el líquido sinovial de las articulaciones, el semen o algunos fluidos de las células como el citoplasma.

A sus opuestos, mucho más raros, se les denomina fluidos reopécticos, que son líquidos en reposo pero se solidifican al agitarlos.

Fluir es la clave de la felicidad

Dice el famoso psicólogo Mihaly Csikszentmihalyi[86] que para lograr la felicidad es necesario encontrar en nuestra vida el estado que él denomina "de flujo" o simplemente "Fluir".

En su mundialmente conocido libro "Flow: The Psychology of Optimal Experience"[87] nos cuenta cómo llegar a ese estado:

> *El "estado de flujo" es esencialmente la capacidad de concentrar la energía psíquica y la atención en planes y objetivos de nuestra elección, y que se siente que vale la pena realizarlos porque se ha decidido este tipo de vida, y se disfruta cada momento en lo que se hace.*

Curiosamente sus investigaciones llegan a la conclusión de que la gente llega a la felicidad por medio del trabajo y no tanto del ocio, por otro lado tan necesario.

Yo, modestamente, me atrevo a añadir a lo que dice Csikszentmihalyi que las personas somos fluidos tixotrópicos: para fluir y ser felices necesitamos un poco de agitación. Si siempre hacemos lo mismo nos estancamos, nos solidificamos. La forma de "fluir" es agitarnos o que nos agiten.

Eso significa buscar el cambio, emprender cosas nuevas, tener siempre objetivos en el horizonte... Éstos no deben ser demasiado fáciles o no tendríamos acicate suficiente, ni demasiado

---

[86] http://www.cgu.edu/pages/1871.asp - Página biográfica en la Drucker School of Management

[87] http://amzn.to/1OU1mhP - "Fluir (Flow): Una psicología de la felicidad", Mihaly Csikszentmihalyi - Amazon.es

difíciles (o imposibles) pues nos frustraríamos. La idea es fijarnos metas adecuadas a nuestras circunstancias que nos motiven y nos impulsen a seguir adelante. Todos, independientemente de nuestra situación concreta, podemos fijarnos este tipo de metas. Cada uno debe buscar las suyas.

Ponernos estos objetivos es la forma de agitarnos y fluir. Porque la felicidad no es una meta: es el camino.

Como cierre de este libro, lo que te propongo es que te agites, que fluyas, en definitiva que medites y pienses qué tres o cuatro objetivos profesionales y personales quieres conseguir. Ni muy fáciles ni muy difíciles. Enfócate en uno o dos y que no se te olviden dentro de unos días. Si trabajas para conseguirlos, más allá del resultado obtenido, el camino hacia a ellos te hará irremediablemente más feliz.

Salvo que seas uno de esos raros fluidos reopécticos, claro ;-)

www.ingramcontent.com/pod-product-compliance
Lightning Source LLC
Chambersburg PA
CBHW071236290326
41931CB00038B/3125
9788494111273